固体散货分类、装载及规费征稽手册

中华人民共和国湛江海事局组织编写

主　编　王争鸣

副主编　郭伟斌　卓永强　陈　毅
　　　　窦兴晓　陈云生

大连海事大学出版社

© 中华人民共和国湛江海事局 2016

图书在版编目(CIP)数据

固体散货分类、装载及规费征稽手册 / 中华人民共和国湛江海事局组织编写. — 大连 : 大连海事大学出版社, 2016.5

ISBN 978-7-5632-3320-5

Ⅰ. ①固… Ⅱ. ①中… Ⅲ. ①散货港—手册 Ⅳ. ①U658.3-62

中国版本图书馆 CIP 数据核字(2016)第 110829 号

大连海事大学出版社出版

地 址:大连市凌海路1号 邮编:116026 电话:0411-84728394 传真:0411-84727996

http://www.dmupress.com E-mail:cbs@dmupress.com

辽宁新华印务有限公司印装 大连海事大学出版社发行

2016 年 5 月第 1 版 2016 年 5 月第 1 次印刷

幅面尺寸:140 mm × 203 mm 印张:6.5

字数:172 千 印数:1 ~ 2500 册

出版人:徐华东

责任编辑:张 华 责任校对:孙延彬

封面设计:王 艳 版式设计:解瑶瑶

ISBN 978-7-5632-3320-5 定价:30.00 元

编委会

主　编　王争鸣

副主编　郭伟斌　卓永强　陈　毅

　　　　窦兴晓　陈云生

编　委　邓武安　黄通涵　赵庆兴

　　　　王临夏　曾青山　王　维

　　　　屠　丹　李　瑾

前 言

海事管理机构自2011年10月1日执收港口建设费以来,在"革命化、正规化、现代化"旗帜的指引下,探索出一条规范高效、服务优质的港口建设费征稽之路,实现了"平稳过渡,应征尽征,和谐有序"的使命。

港口建设费征稽的重点在于船载货物的种类识别、征收标准判定以及数量计量,难点在于减征、免征、缓征港口建设费固体散装货物的申报与核准。固体散装货物监管的重点在于货物的特性、危险性、积载、隔离、装载、通风等注意事项的熟悉与符合性判断。湛江海事局为适应海事监管模式改革,积极应对水运货物的多样性、码头规模和管理的差异性等带来的港口建设费征收和现场装载风险,经过五年多的探索与总结,在固体散装货物的申报与缴费管理经验基础上,学习并借鉴《商品名称及编码协调制度》,结合《运输货物分类和代码》(JT/T 19—2001)和IMSBC规则,与广东海洋大学合作,编制出了《固体散货分类、装载及规费征稽手册》。

本手册创造性地将固体散装货物的港口建设费征稽和适装适运的知识汇集在一起,图文并茂地将固体散装货物的种类、收费标准、危险性、积载、隔离、装载及载运注意事项等内容进行汇编,一方面通过对固体散装货物合理地分类和定性,规范港口建设费减征、免征、缓征货物的申报、核准及稽查工作,有利于船方或货主便捷申报,确保海事征稽人员高效、准确地判定货物的费收标准;另一方面,也有助于海事现场执法人员更好地开展固体散装货物现场监管,降低船舶因配载、积载不当造成的货物及船舶事故风险。本手册可精、简两用:索引部分为简单操作指导;从索引查找到的各种货物正文内容,可以对货物进行精细认识。希望过本手册的出版可以为海事执法人员对固体散装货物的监管工作提供帮助。

感谢大连海事大学出版社的大力支持,在我们团队与出版社的精诚合作下,本手册才得以问世。同时,敬请行业专家及其使用者批评指正。

编委会

2016 年 2 月 18 日

目　录

1 煤炭及制品
JT01

1.1 焦炭
JT011

1.1.1 焦炭 JT011 正常征收

描述： Coke，烟煤在隔绝空气的条件下，加热到 950～1 050 ℃，经过干燥、热解、熔融、黏结、固化、收缩等阶段最终制成焦炭，这一过程叫高温炼焦（高温干馏）。焦炭是一种固体燃料，质硬、多孔、发热量高、灰色块状，可能含有微粒（炭屑）。

用途： 焦炭主要用于高炉炼铁和铜、铅、锌、钛、锑、汞等有色金属的鼓风炉冶炼，起还原剂、发热剂和料柱骨架作用，还用于铸造、化工、电石和铁合金等。

装载： 其积载因数为 1.25～2.93 m^3/t，最大颗粒 200 mm，组别 C，按 IMSBC 规则第 4 和 5 节的相关规定进行平舱。

现场检查注意事项： 无。

图片：

1.1.2 焦炭渣 JT011 正常征收

描述：Coke breeze，又称焦粉、焦炭粉、焦末、焦屑，是焦炭在筛分、转运、使用过程中产生的大量细碎焦粉末。焦炉中生产的焦炭，大、小块度混杂其中，一般把小于 10 mm 的叫焦粉，为灰色粉末。

用途：焦炭渣主要用于高炉炼铁和铜、铅、锌、钛、锑、汞等有色金属的鼓风炉冶炼，起还原剂、发热剂和料柱骨架作用，还用于铸造、化工、电石和铁合金。

装载：其积载因数为 1.8 m^3/t，颗粒小于 10 mm，组别 A，按 IMSBC规则第 4 和 5 节的相关规定进行平舱。在航行期间，不得对载运该货的货物处所通风。定期检查该货物的外表。如果货物不是在专门建造或配备符合 IMSBC 规则 7.3.2 要求的船舶中运输，须遵守：(1)航行期间须将货物的含水量保持在适运水分极限以下；(2)除非是在本明细表中有明确规定，不得在降水期间装卸；(3)除非是在本明细表中有明确规定，在货物装卸期间，须关闭装载或拟装载该货物的处所的不在使用中的所有舱盖；(4)如果货物的实际含水量小于适运水分极限，足以使实际含量不会由于降水而可能超过适运水分极限，则可在降水期间装卸；(5)如果货物处所的全部货物将在一港口卸完,可以在降水中卸下货物处所中的货物等规定。如在航行期间观察到货物表面出现自由水或货物呈现流体状态,船长应采取相应行动防止货物的移动和船舶可能的倾覆,并考虑设法紧急驶入避难地。

现场检查注意事项: 焦炭渣如含水量足够高,则易于流动。

图片:

1.2 原煤
JT012

1.2.1 煤(无烟煤 JT0121、烟煤 JT0122、褐煤 JT0123)正常征收

描述: Coal,俗称煤炭(沥青质的及无烟的),是古代植物埋藏在地下经历了复杂的生物化学和物理化学变化逐渐形成的由非晶形碳和碳氢化合物组成的天然固体可燃性矿物。煤炭被人们誉为"黑色的金子""工业的食粮",是十八世纪以来人类世界使用的主要能源之一。

用途: 煤除了被广泛用作工业生产的燃料和多种工业的原料

外，还用于制取冶金用的焦炭和人造石油（煤焦油）。

装载：其积载因数为0.79～1.53 m^3/t，最大颗粒50 mm，类别MHB，组别A和B，按IMSBC规则第4和5节的相关规定进行平舱。不经合理平舱，煤体内可能形成垂直裂缝，使氧气得以循环并可能引发自燃。如果货物不是在专门建造或配备符合IMSBC规则7.3.2要求的船舶中运输，须遵守：（1）航行期间须将货物的含水量保持在适运水分极限以下；（2）除非是在本明细表中有明确规定，不得在降水期间装卸；（3）除非是在本明细表中有明确规定，在货物装卸期间，须关闭装载或拟装载该货物的处所的不在使用中的所有舱盖；（4）如果货物的实际含水量小于适运水分极限，足以使实际含量不会由于降水而可能超过适运水分极限，则可在降水期间装卸；（5）如果货物处所的全部货物将在一港口卸完，可以在降水中卸下货物处所中的货物等规定。

现场检查注意事项：（1）煤可能产生易燃气体，可能自热，可能消耗氧气浓度，还可能腐蚀金属结构；（2）当小于5 mm的细粉煤占75%时，则可能流态化。火灾应急时，先封舱，隔绝空气可能足以控制火势；不得用水；征询专家意见并考虑驶向最近的合适港口。

图片：

1.3 煤制品
JT015

1.3.1 褐煤砖(JT0123 或 JT015)正常征收

描述: Brown coal briquettes,是由干的褐煤粒压实为压缩块而制成。它是一种型煤,以粉煤为主要原料,按具体用途所要求的配比、机械强度和形状大小经机械加工压制成型,是具有一定强度和尺寸及形状各异的煤成品。

用途: 褐煤砖主要用作发电厂的燃料,也可作化工原料、催化剂载体,还可以用作吸附剂来净化污水和回收金属等。

装载: 其积载因数为 1.34 m^3/t,主要部分小于 50 mm,类别 MHB,组别 B。在航行期间,不得对载运该货物的货物处所进行通风。

现场检查注意事项: (1)该货易自燃、易自热,可能会因自燃而消耗货物处所的氧气;(2)注意粉尘对机器处所、起居处所、设备及人员的影响。火灾应急时,关闭舱盖板,隔绝空气可能足以控制火势;不得用水;征询专家意见并考虑驶向最近的合适港口。

图片:

1.4 泥煤
JT017

1.4.1 煤泥 JT017 正常征收

描述： Coal slurry，煤泥泛指煤粉含水形成的一种细颗粒的煤水混合物，是煤炭生产过程中的一种产品，根据品种的不同和形成机理的不同，其性质差别非常大，可利用性也有较大差别，其种类众多，用途广泛。

用途： 煤泥主要用作生活燃料、砖厂添加剂。

装载： 其积载因数为 0.98～1.15 m^3/t，颗粒小于 1 mm，组别 A，按 IMSBC 规则第 4 和 5 节的相关规定进行平舱。如果货物不是在专门建造或配备符合 IMSBC 规则 7.3.2 要求的船舶中运输，须遵守：(1)航行期间须将货物的含水量保持在适运水分极限以下；(2)除非是在本明细表中有明确规定，不得在降水期间装卸；(3)除非是在本明细表中有明确规定，在货物装卸期间，须关闭装载或拟装载该货物的处所的不在使用中的所有舱盖；(4)如果货物的实际含水量小于适运水分极限，足以使实际含量不会由于降水而可能超过适运水分极限，则可在降水期间装卸；(5)如果货物处所的全部货物将在一港口卸完，可以在降水中卸下货物处所中的货物等规则。因该货物一般可能散发甲烷，应使用合适的气体探测器对载运该货物的货物处所定期进行检测，必要时应进行自然表面通风。在航行期间，须定期检查货物的外表。如在航行期间观察到货物表面出现自由水或货物呈现流体状态，船长应采取相应行动防止货物的移动和船舶可能的倾覆，并考虑设法紧急驶入避难地。

现场检查注意事项： (1)煤泥在海上运输期间易流态化；(2)煤泥如干透可能自燃，但在正常条件下可能性不大。

图片：

1.4.2 草泥 JT017 正常征收

描述：Peat moss，又称泥炭苔、草炭、泥炭土、黑土、泥煤。草泥死亡和经过压缩后能形成有机物泥炭，从泥沼、泥塘、沼泽、泥炭沼泽和沼地露天开采出来，有各种类型，包括藓类泥煤、莎草泥煤和草本泥煤。典型的风干草泥密度低、压缩性高且含水量高。在其自然状态下，饱和时水分含量按重量计可达 90% 以上。

用途：草泥可用来覆盖苗床，也可作为其他植物和活水生动物的运输包装材料。园丁可将泥炭与土壤混合以增加土壤的湿度、孔隙度和酸度，并减少腐蚀。

装载：其积载因数为 2 ~ 12.5 m^3/t，为细粉末，类别 MHB，组别 A 和 B，按 IMSBC 规则第 4 和 5 节的相关规定进行平舱。装载前，该货物应遮盖堆存以便排水，减少含水量。该货物应尽实际可能保持干燥，不得在降水期间装卸。按重量计含水量大于 80% 的草泥宜仅用经特别装备或专门建造的船舶载运。在航行期间，须根据需要仅对运载该货物的处所进行自然和机械的表面通风。

现场检查注意事项：应注意：(1) 该货物处所和相邻处所缺氧，二氧化碳含量增加；(2) 装载时有粉尘爆炸的风险；(3) 在未经压缩的草泥表面走动或放下沉重机械时宜小心；(4) 粉尘可能刺激眼、鼻和呼吸器官,注意粉尘对机器处所、起居处所、设备及人员的影响,可能暴露于货物粉尘的人员应戴护目镜或其他等效的防尘护目用具和粉尘过滤面罩,必要时应穿防护服;(5)告诫载运该货物的船舶的所有人员以及参与该货物装卸的所有人员,吃东西和吸烟前须洗手以及接触过该货物或其粉尘的划伤和擦伤须及时处理;(6)在已做检测并已确定氧含量已恢复到正常水平前,应不准人员进入货物处所。火灾应急时,关闭舱盖板,使用船舶的固定式灭火装置(如有),隔绝空气可能足以控制火势。

图片:

2 石油、天然气及制品
JT02

2.1 石油焦
JT026

2.1.1 石油焦炭(煅烧的或未煅烧的)
JT026 正常征收

描述: Petroleum coke(Calcined or uncalcined),简称石油焦,由石油炼制的残油、渣油或沥青经高温焦化而得的固体残余物,呈粉末和小块状。装载时,温度低于55 ℃的货物不适用于本明细表。

用途: 其用于制造电极、电石、金刚砂等和用作填充电槽,也用作绝缘材料和燃料等。

装载: 其积载因数为1.25~1.67 m^3/t,为粉末至小块,类别MHB,组别B,与食品隔离,与第1.1.1和1.1.5类所有货物用介于中间的整个舱室或货舱纵向隔离,与所有其他危害物质和危险货物(包装货物和固体散装物质)用整个舱室或货舱隔离。装载时:(1)在装有燃油或其他闪点低于93 ℃的物质的液舱上面的货物处所装货时,不得将温度为55 ℃或更高的货物装入该处所,除非在装载温度为55 ℃或更高的货物前,先向整个货物处所装入一层厚至少0.6 m且温度为44 ℃或更低的货物;(2)在按上述要求装载温度为

55 ℃或更高的货物且所装货物的层厚大于1.0 m时,该货物应先按0.6～1.0 m的层厚装载;(3)以上规定的装载作业完成后,装载作业可继续进行。应按IMSBC规则第4节的要求对货物进行平舱。该货物在其温度超过107 ℃时则不得装载。船长应在货物处所附近张贴关于该货物高温的警告。

现场检查注意事项:(1)本细目的规定不宜适用于装载时温度低于55 ℃的物质;(2)未经煅烧的石油焦炭如不按本条目的规定装载和运输,则易自热和自燃;(3)应携带防护服(手套、靴子、工作服、安全帽)、自给式呼吸器及喷雾嘴专用应急设备处理本细目。火灾应急时,关闭舱盖板,使用船舶的固定式灭火装置(如有),隔绝空气可能足以控制火势。

图片:

2.2 其他未列名石油制品

JT029

2.2.1 沥青球 JT0291 正常征收

描述: Pitch prill,沥青球在煤焦化过程中从焦油中生产出,呈黑色,有特殊气味。沥青球被压制成特有的铅笔形状以方便搬运。货物在40～50 ℃变软,熔点为105～107 ℃。

用途： 沥青是应用广泛的防水材料和防腐材料，也是道路工程中的路面结构胶结材料。

装载： 其积载因数为 1.25 ~ 2.0 m^3/t，直径 9 mm，长度小于 0.7 cm，类别 MHB，组别 B，按第 4.1 类物质隔离，按 IMSBC 规则第 4 和 5 节的相关规定进行平舱。该货物不得在与加热液舱相邻的货物处所积载，以免货物软化和熔化。在航行期间，必要时应仅对货物表面进行自然或机械通风。该货物的装载完成后，应将货物处所的舱口密封。载运该货物的处所的冷凝情况应在航行期间定期检查。卸货时应采取适当措施防止扬尘。一般预防措施参见 IMSBC。

现场检查注意事项： (1) 该货物受热熔化，可燃，燃烧时产生黑色浓烟；(2) 粉尘可能刺激皮肤和眼睛；(3) 货物粉末容易点燃并可能引起火灾和爆炸；(4) 装载或卸货期间宜特别注意防火；(5) 应携带防护服（手套、靴子、工作服和安全帽）、自给式呼吸器、喷雾嘴专用应急设备。火灾应急时，关闭舱盖板，使用船舶的固定式灭火装置（如有），隔绝空气可能足以控制火势。

图片：

3 金属矿石

JT03

3.1 铁矿

JT031

3.1.1 铁矿 JT031 正常征收

描述：Iron ore，铁矿是天然矿石经过破碎、磨碎、磁选、浮选、重选等程序逐渐选出铁，是能够经济利用的含有铁元素或铁化合物矿物集合体。铁矿呈深灰至锈红等各种颜色。铁含量从赤铁矿（高品位矿石）到商用品级较低的褐铁矿各不相同，含水量 0% ~16%。精矿属于不同货物（见铁精矿）。

用途：铁矿是钢铁生产企业的重要原材料。

装载：其积载因数为 0.29 ~0.80 m^3/t，最大颗粒 250 mm，组别 C，按 IMSBC 规则第 4 和 5 节的相关规定进行平舱。由于该货物密度极高，内底可能会受力过大，除非货物在内底均匀铺开以使重量平均分布。在航行和装载期间，应充分注意确保内底不因货物呈堆状而受力过大。

现场检查注意事项：（1）铁矿石货物可能影响磁罗经；（2）该货物装载速率通常极高；（3）应充分注意压载作业，按 SOLAS 第Ⅵ/9.3 条的要求制订装载计划。

图片：

3.1.2 铁矿球团 JT031 正常征收

描述： Iron ore pellets，又称铁矿石丸，大致呈球形团块，将铁矿石压碎成粉末，用黏土作为黏合剂将这种氧化铁制成球团，然后在窑中 1 315 ℃温度下用火烧硬，含水量为 0～2%。

用途： 其是钢铁生产企业的重要原材料。

装载： 其积载因数为 0.45～0.52 m^3/t，最大颗粒 20 mm，组别 C，按 IMSBC 规则第 4 和 5 节的相关规定进行平舱。由于该货物密度极高，内底可能会受力过大，除非货物在内底均匀铺开以使重量平均分布。在航行和装载期间，应充分注意确保内底不因货物呈堆状而受力过大。

图片：

3.1.3 褐铁矿 JT031 正常征收

描述：Iron stone，矿石，含水量为1% ~2%。

用途：褐铁矿除了提炼铁外，还可用作颜料。

装载：其积载因数为0.39 m^3/t，75 mm，组别C，按IMSBC规则第4和5节的相关规定进行平舱。如有疑问，合理平舱至货物处所四周限界，以最大限度减少货物移动的风险并确保在航行期间保持足够的稳性。由于该货物密度极高，内底可能会受力过大，除非货物在内底均匀铺开以使重量平均分布。在航行和装载期间，应充分注意确保内底不因货物呈堆状而受力过大。

现场检查注意事项：可能暴露于货物粉尘的人员必要时应穿戴防护服、护目镜或其他等效的防尘护目用具和过滤面罩。

图片：

3.1.4 铁精矿[铁精矿(颗粒原料)、铁精矿(烧结原料)、黄铁矿、斯利格矿(铁矿)] JT031 正常征收

描述：Mineral concentrate，精矿是精炼矿石，有价值的成分已通过清除大部分废料而增加。天然矿石经过破碎、磨碎、选矿等加工处

理成精矿粉。精矿粉按照选矿方法的不同分为多种精矿粉,如磁选、浮选、重选等精矿粉。

用途: 其主要用作炼铁原料。

装载: 其积载因数为 0.33 ~ 0.57 m^3/t,尺寸多样,组别 A,须对该货物进行平舱,从而使货物表面峰谷之间的高度差不超过船舶宽度的 5%,且货物从舱口的边界均匀坡向舱壁,在航行途中不出现剪切面坍塌现象。由于该货物密度极高,内底可能会受力过大,除非货物在内底均匀铺开以使重量平均分布。在航行和装载期间,应充分注意确保内底不因货物呈堆状而受力过大。如果货物不是在专门建造或配备符合 IMSBC 规则 7.3.2 要求的船舶中运输,须遵守:(1)航行期间须将货物的含水量保持在适运水分极限以下;(2)除非是在本明细表中有明确规定,不得在降水期间装卸;(3)除非是在本明细表中有明确规定,在货物装卸期间,须关闭装载或拟装载该货物的处所的不在使用中的所有舱盖;(4)如果货物的实际含水量小于适运水分极限,足以使实际含量不会由于降水而可能超过适运水分极限,则可在降水期间装卸;(5)如果货物处所的全部货物将在一港口卸完,可以在降水中卸下货物处所中的货物等规定。在航行期间,不得对载运该货物的货物处所进行通风。在航行期间,须定期检查货物表面的情况。若在航行期间观察到货物上面有自由液面或流态货物,船长须采取适当措施以防止货物移动和船舶的倾覆危险,并考虑寻求紧急进入避难地。

现场检查注意事项: (1)如果装运时含水量超过适运水分极限(*TML*),货物可能流态化;(2)这类货物会使遮盖舱底污水井的粗麻布或帆布腐烂,长期连续运载这些货物可能会对船舶结构有破坏作用。

图片：

3.1.5 黄铁矿(含铜和铁)JT031 正常征收

描述： Pyrite(Containing copper and iron),主要成分为二硫化铁,浅黄铜色,表面常具黄褐色锖色,条痕绿黑或褐黑。未经煅烧的黄铁矿具有强金属光泽,不透明,无解理,断口参差状,硬度为 6～6.5,相对密度为 4.9～5.2,可具检波性。因其浅黄铜色和明亮的金属光泽,常被误认为是黄金,故又称为"愚人金"。

用途： 黄铁矿是生产硫黄和硫酸的主要原料,含 Au、Co、Ni 时可提取伴生元素。

装载： 其积载因数为 0.33～0.50 m^3/t,微粒至 300 mm 团块,C 组货物,按 IMSBC 规则第 4 和 5 节的相关规定进行平舱。由于该货物密度极高,内底可能会受力过大,除非货物在内底均匀铺开以使重量平均分布。在航行和装载期间,应充分注意确保内底不因货物呈堆状而受力过大。煅烧黄铁矿呈粉尘至微粒状,该副产品能有相当大的酸度,特别在水或潮湿的空气中,此时的 pH 值经常会在 1.3～2.1 之间。故应避免其潮湿进而侵蚀钢铁货物。

现场检查注意事项： 无。

图片：

3.1.6 铁燧岩丸粒 JT031 正常征收

描述： Taconite pellets，矿石，灰色圆形钢丸。基本上，它是由细粒石英、铁的硅酸盐和铁的氧化物组成的低品位铁矿石。

用途： 铁燧岩丸粒可以作为初级铁矿石，以便进一步从中获得高品位铁矿石（含 50% 或更高的铁）。

装载： 其积载因数为 1.53 ~ 1.67 m^3/t，丸粒最大 15 mm，组别 C，按 IMSBC 规则第 4 和 5 节的相关规定进行平舱。

现场检查注意事项： 无。

图片：

3.2 锰矿砂（石）、锰精矿
JT032

3.2.1 锰矿 JT032 正常征收

描述： Manganese ore，锰在自然界分布很广，几乎各种矿石及硅酸盐的岩石中均含有锰。这些矿物中锰的含量可达 50% ~70%，是锰的重要工业矿物。锰矿颜色呈黑色至棕黑色，是一种极重的货物，含水量最高达 15%。

用途： 锰矿是提炼锰金属及生产锰氧化物、锰化合物等的原材料。在现代工业中，锰及其化合物应用于国民经济的各个领域。其中钢铁工业是最重要的领域，用锰量占 90% ~95%，主要作为炼铁和炼钢过程中的脱氧剂和脱硫剂，以及用来制造合金。其余 5% ~10% 的锰用于其他工业领域，如化学工业（制造各种含锰盐类）、轻工业（用于电池、火柴、印漆、制皂等）、建材工业（玻璃和陶瓷的着色剂和褪色剂）、国防工业、电子工业，以及环境保护和农牧业，等等。

装载： 锰矿细粉末积载因数为 0.32 m^3/t，团块积载因数为 0.70 m^3/t，细粉末至 250 mm 大小，组别 C，按 IMSBC 规则第 4 和 5 节的相关规定进行平舱。由于该货物密度极高，内底可能会受力过大，除非货物在内底均匀铺开以使重量平均分布。在航行和装载期间，应充分注意确保内底不因货物呈堆状而受力过大。

现场检查注意事项：（1）注意粉尘对机器处所、起居处所、设备及人员的影响；（2）可能暴露于货物粉尘的人员必要时应穿戴防护服、护目镜或其他等效的防尘护目用具和过滤面罩。

图片：

3.2.2 锰精矿 JT032 正常征收

描述： Manganese concentrate，锰精矿是精炼矿石，有价值的成分已通过清除大部分废料而增加。

用途： 锰精矿是提取锰金属的原料。

装载： 见铁精矿。

现场检查注意事项： 见铁精矿。

图片：

3.3 铬矿石

JT033

3.3.1 铬矿石 JT033 正常征收

描述： Chromite ore，是岩浆作用的矿物，常产于超基性岩中，与橄榄石共生，也见于砂矿中。其外表很像磁铁矿，一般呈块状或粒状的集合体。精矿或块状的铬矿石呈深灰色。

用途： 铬矿石是发展冶金、国防、化工等工业不可缺少的矿产资源，主要用于冶金工业生产不锈钢及各种合金钢、合金，在玻璃、陶瓷、耐火材料等方面，用途广泛。

装载： 其积载因数为 0.33 ~ 0.45 m^3/t，最大颗粒 254 mm，组别 C，按 IMSBC 规则第 4 和 5 节的相关规定进行平舱。由于该货物密度极高，内底可能会受力过大，除非货物在内底均匀铺开以使重量平均分布。在航行和装载期间，应充分注意确保内底不因货物呈堆状而受力过大。

现场检查注意事项： (1)吸入粉尘后对人体有毒害；(2)注意粉尘对机器处所、起居处所、设备及人员的影响；(3)可能暴露于货物粉尘的人员应戴护目镜或其他等效的防尘护目用具和粉尘过滤面罩，必要时应穿防护服。

图片：

3.3.2 铬矿颗粒 JT033 正常征收

描述： Chrome pellets，又称铬矿丸、铬矿球团，颗粒状，含水量最多2%。

用途： 铬矿颗粒主要用于提取金属铬。

装载： 其积载因数为 0.6 m^3/t，8 ~ 25 mm 大小，组别 C，按 IMSBC规则第 4 和 5 节的相关规定进行平舱。

现场检查注意事项： 无。

图片：

3.4 镍矿石

JT035

3.4.1 镍矿 JT035 正常征收

描述： Nickel ore，镍矿的颜色有差别，不同种类的镍矿有不同的颗粒大小和水分含量，有些可能含有黏土状矿石。

用途： 镍矿主要用于提取金属镍。

装载： 其积载因数为 0.55 ~0.71 m^3/t，尺寸多样，组别 A，按

IMSBC 规则第 4 和 5 节的相关规定进行平舱。当货物的积载因数等于或小于 0.56 m^3/t 时，除非货物在内底均匀铺开以使重量平均分布，否则内底可能会受力过度。在航行和装载期间，应充分注意确保不要把货物堆起而使内底受力过度。装载该货物的货物处所在航行期间不能进行通风。在航行期间，须定期检查货物表面的情况。若在航行期间观察到货物上面有自由液面或流态货物，船长须采取适当措施以防止货物移动和船舶的倾覆危险，并考虑寻求紧急进入避难地。如果货物不是在专门建造或配备符合 IMSBC 规则 7.3.2 要求的船舶中运输，须遵守：(1) 航行期间须将货物的含水量保持在适运水分极限以下；(2) 除非是在本明细表中有明确规定，不得在降水期间装卸；(3) 除非是在本明细表中有明确规定，在货物装卸期间，须关闭装载或拟装载该货物的处所的不在使用中的所有舱盖；(4) 如果货物的实际含水量小于适运水分极限，足以使实际含量不会由于降水而可能超过适运水分极限，则可在降水期间装卸；(5) 如果货物处所的全部货物将在一港口卸完，可以在降水中卸下货物处所中的货物等规定。

现场检查注意事项：该货物在载运期间如果水分含量超过适运水分极限可能会流态化。

图片：

3.4.2 镍精矿 JT035 正常征收

描述：Nickel concentrate，镍精矿是精炼矿石，有价值的成分已通过清除大部分废料而增加。

用途：镍精矿主要用于提取金属镍。

装载：见铁精矿。

现场检查注意事项：见铁精矿。

图片：

3.5 铜矿石

JT036

3.5.1 冰铜 JT036 正常征收

描述：Copper matte，天然黑色铜矿，由 75% 的铜和 25% 的杂质构成，含金属小圆石或小圆球，无味。

用途：铜矿石主要作为吹炼炉生产粗铜的原料。

装载：其积载因数为 0.25 ~ 0.35 m^3/t，3 ~ 25 mm 大小，组别 C，按 IMSBC 规则第 4 和 5 节的相关规定进行平舱。由于该货物密度极高，内底可能会受力过大，除非货物在内底均匀铺开以使重量平均分布。在航行和装载期间,应充分注意确保内底不因货物呈堆状而受力过大。

现场检查注意事项: 无。

图片:

3.5.2 沉积铜、铜精矿 JT036 正常征收

描述: Cement copper、copper concentrate,该精矿是精炼矿石,有价值的成分已通过清除大部分废料而增加。

用途: 其是用作提取金属铜的主要原料。

装载: 见铁精矿。

现场检查注意事项: 见铁精矿。

图片:

3.5.3 铜砾 JT036 正常征收

描述： Copper granules，球形颗粒，含铜 75%，另含铅、锡、锌及少量其他杂质，含水量约 1.5%，干燥时呈浅灰色，潮湿时呈深绿色，无味。

用途： 铜砾主要用来提取金属铜。

装载： 其积载因数为 0.22 ~ 0.25 m^3/t，微粒最大 10 mm，渣块最大 50 mm，组别 C，按 IMSBC 规则第 4 和 5 节的相关规定进行平舱。由于该货物密度极高，内底可能会受力过大，除非货物在内底均匀铺开以使重量平均分布。在航行和装载期间，应充分注意确保内底不因货物呈堆状而受力过大。

现场检查注意事项： 无。

图片：

3.6 稀有、贵金属矿石、砂 JT038

3.6.1 锆石砂 JT038 正常征收

描述： Zircons and，通常为细粉，呈白色、淡黄色、紫红色、烟灰色等,有金刚光泽,断口有油脂光泽,呈透明至半透明,一般从钛铁砂中分离提取而来,磨蚀性很强。

用途: 锆石砂是提炼金属锆的主要矿石。

装载: 其积载因数为 0.33 ~ 0.36 m^3/t,组别 C,按 IMSBC 规则第 4 和 5 节的相关规定进行平舱。其多粉尘,装载时需要佩戴护目镜,干燥装运。该货物在装载前、装载期间和航行期间应尽实际可能保持干燥。该货物不得在降水期间装载。在该货物装载期间,装载或待装载该货物的处所的所有未用舱口均应关闭。由于该货物密度极高,内底可能会受力过大,除非货物在内底均匀铺开以使重量平均分布。舱底污水井保持清洁,避免污染货物。

现场检查注意事项: (1)舱底污水井应保持清洁、干燥并适当遮盖以防货物进入;(2)应采取相应预防措施保护机器处所和起居处所不受货物粉尘的影响;(3)应充分考虑到保护设备不受货物粉尘的影响;(4)可能暴露于货物粉尘的人员应戴护目镜或其他等效的防尘护目用具和粉尘过滤面罩,必要时应穿防护服。

图片:

3.6.2 金红石砂 JT038 正常征收

描述: Rutile sand,为褐色至黑色细颗粒砂,有磨蚀性,干燥装运,可能多粉尘。

用途：金红石砂为较纯的二氧化钛，一般含二氧化钛在95%以上，是提炼钛的重要矿物原料，它具有耐高温、耐低温、耐腐蚀、高强度、小比重等优异性能，被广泛用于军工航空、航天、航海、机械、化工、海水淡化等方面。

装载：其积载因数为0.37～0.40 m^3/t，颗粒大小为0.15 mm或以下，组别C，按IMSBC规则第4和5节的相关规定进行平舱。由于该货物密度极高，内底可能会受力过大，除非货物在内底均匀铺开以使重量平均分布。采取相应预防措施保护机器处所和起居处所不受货物粉尘的影响。货物处所的舱底污水井应受到保护不让货物进入。应充分考虑到保护设备不受货物粉尘的影响。可能暴露于货物粉尘的人员必要时应穿戴防护服、护目镜或其他等效的防尘护目用具和过滤面罩。

现场检查注意事项：(1)该货物在装载前、装载期间和航行期间应尽实际可能保持干燥；(2)该货物不得在降水期间装载；(3)在该货物装载期间，装载或待装载该货物的处所的所有未用舱口均应关闭。

图片：

3.6.3 钛铁矿(石)JT038 正常征收

描述: Ilmenite(rock),从矿山爆破然后粉碎得到,颜色为黑色,可以在电弧中熔炼,也可以在高炉中冶炼。

用途: 它是提取钛和二氧化钛的最主要矿物原料。

装载: 其积载因数为0.31~0.42 m^3/t,直径达到100 mm,组别C,按IMSBC规则第4和5节的相关规定进行平舱。由于该货物密度极高,内底可能会受力过大,除非货物在内底均匀铺开以使重量平均分布。在航行和装载期间,应充分注意确保内底不因货物呈堆状而受力过大。

现场检查注意事项: (1)防止吸入粉尘;(2)如有必要,可能接触货物粉尘的人员须穿戴粉尘过滤口罩、防护眼镜和防护服。

图片:

3.6.4 钛铁矿黏土 JT038 正常征收

描述: Ilmenite clay,为极重的黑色黏土,有磨蚀性,可产生粉尘,从钛铁矿黏土中能提取钛、硅酸盐和氧化铁,水分含量为10%~20%。

用途: 钛铁矿黏土是提取钛和二氧化钛的最主要矿物原料。

装载: 其积载因数为0.4~0.5 m^3/t,最大颗粒0.15 mm,组别A,按IMSBC规则第4和5节的相关规定进行平舱。由于该货物密度极高,内底可能会受力过大,除非货物在内底均匀铺开以使重量平均分布。在航行和装载期间,应充分注意确保内底不因货物呈堆状而受力过大。该货物的表面外形应在航行期间定期检查。如果货物不是在专门建造或配备符合 IMSBC 规则 7.3.2 要求的船舶中运输,须遵守:(1)航行期间须将货物的含水量保持在适运水分极限以下;(2)除非是在本明细表中有明确规定,不得在降水期间装卸;(3)除非是在本明细表中有明确规定,在货物装卸期间,须关闭装载或拟装载该货物的处所的不在使用中的所有舱盖;(4)如果货物的实际含水量小于适运水分极限,足以使实际含量不会由于降水而可能超过适运水分极限,则可在降水期间装卸;(5)如果货物处所的全部货物将在一港口卸完,可以在降水中卸下货物处所中的货物等规定。如在航行期间观察到货物表面出现自由水或货物呈现流体状态,船长应采取相应行动防止货物的移动和船舶可能的倾覆,并考虑设法紧急驶入避难地。

现场检查注意事项: 如果装运时含水量超过其适运水分极限(*TML*),货物可能流态化。

图片:

3.6.5 钛铁矿(精选的)JT038 正常征收

描述: Ilmenite(upgraded),将钛铁矿石或矿砂放入电弧炉熔炼制成。它呈颗粒状,根据纯化品位不同,颜色呈黑色(普通级)至棕橙色。钛渣、钛精矿、氯化渣、硫酸盐渣、高品位硫酸盐渣、炉渣粉、钛铁电热冶炼渣或二氧化钛渣也被称为钛铁矿(精选的)。

用途：它是提取钛和二氧化钛的最主要矿物原料。

装载：其积载因数为0.41～0.54 m^3/t，最大颗粒可达12 mm，组别A，按IMSBC规则第4和5节的相关规定进行平舱。由于该货物密度极高，内底可能会受力过大，除非货物在内底均匀铺开以使重量平均分布。在航行和装载期间，应充分注意确保内底不因货物呈堆状而受力过大。该货物应尽实际可能保持干燥，不得在降水期间装卸。如果货物不是在专门建造或配备符合IMSBC规则7.3.2要求的船舶中运输，须遵守：(1)航行期间须将货物的含水量保持在适运水分极限以下；(2)除非是在本明细表中有明确规定，不得在降水期间装卸；(3)除非是在本明细表中有明确规定，在货物装卸期间，须关闭装载或拟装载该货物的处所的不在使用中的所有舱盖；(4)如果货物的实际含水量小于适运水分极限，足以使实际含量不会由于降水而可能超过适运水分极限，则可在降水期间装卸；(5)如果货物处所的全部货物将在一港口卸完，可以在降水中卸下货物处所中的货物等规定。该货物的表面外形应在航行期间定期检查。如在航行期间观察到货物表面出现自由水或货物呈现流体状态，船长应采取相应行动防止货物的移动和船舶可能的倾覆，并考虑设法紧急驶入避难地。

现场检查注意事项：(1)该货物在载运期间如果含水量超过其*TML*，可能流态化；(2)如果必要，可能暴露于货物粉尘的人员应戴护目镜或其他等效的防尘护目用具和粉尘过滤面罩，必要时应穿防护服；(3)在吃饭、喝水和吸烟前要洗手和洗脸。

图片：

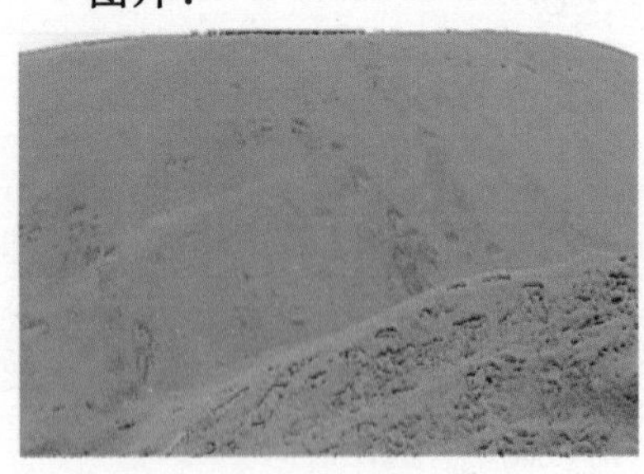

3.6.6 钛铁矿砂 JT038 正常征收

描述: Ilmenite sand,又称钛磁铁矿,非常重的黑色矿砂,可作研磨剂,可能产生粉尘。C 组货物含水量为 1% ~2%;如含水量超过 2%,该货物归入 A 组。

用途: 钛铁矿砂可用来制得钛、独居石和锌矿。

装载: 其积载因数为 0.31 ~0.42 m^3/t,最大颗粒 0.15 mm,组别 A 或 C,该货物应尽实际可能保持干燥,不得在降水期间装卸,按 IMSBC 规则第 4 和 5 节的相关规定进行平舱。由于该货物密度极高,内底可能会受力过大,除非货物在内底均匀铺开以使重量平均分布。在航行和装载期间,应充分注意确保内底不因货物呈堆状而受力过大。该货物的表面外形应在航行期间定期检查。如在航行期间观察到货物表面出现自由水或货物呈现流体状态,船长应采取相应行动防止货物的移动和船舶可能的倾覆,并考虑设法紧急驶入避难地。

现场检查注意事项: C 组中的该货物无特殊危害。A 组中的该货物如装运时含水量超过其 *TML*,可能流态化。

图片:

3.6.7 锑矿砂 JT0382

3.6.7.1 锑矿和锑矿渣 JT0382 正常征收

描述： Antimony ore and residue,铅灰色矿物,表面会黑变。

用途： 锑矿砂用于提取金属锑。

装载： 其积载因数为0.34～0.42 m^3/t,组别C,按IMSBC规则第4和5节的相关规定进行平舱。由于该货物密度极高,内底可能受力过大,除非货物在内底均匀铺开以使重量平均分布。在航行和装载期间,应充分注意确保内底不因货物呈堆状而受力过大。

现场检查注意事项： (1)如遇火,它会释放危险的锑和氧化硫烟气;(2)注意粉尘对机器处所、起居处所、设备及人员的影响;(3)可能暴露于货物粉尘的人员必要时应穿戴防护服、护目镜或其他等效的防尘护目用具和过滤面罩。

图片：

3.6.8 放射性物质[低比活度(LSA-Ⅰ非裂变的或预计裂变的)]UN 2912 JT0383 正常征收

描述： Low specific activity (LSA-Ⅰ non fissile or expected radioactive fission),本类货物包括含有天然生成放射性核素(如铀、钍)的矿石以及这类矿石(包括金属、混合物和化合物)的天然或贫化铀和钍精矿。

用途: 其一般用于核工业及放射性医疗用等。

装载: 其属于组别B,类别7,与食品隔离,该货物应尽实际可能保持干燥。该货物不得在降水期间装卸。在该货物装卸期间,装载或待装载该货物的处所的所有未用舱口均应关闭。人员不得无谓暴露于该货物的粉尘,可能暴露于货物粉尘的人员应穿戴防护服、护目镜或其他等效的防尘护目用具和面罩。积载该货的货物处所外面不得有泄漏。务必遵守托运人提供的所有须知,按IMSBC规则第4和5节的相关规定进行平舱。

现场检查注意事项: 由于本类货物属于具有放射性货物,现场检查须督促装卸单位认真遵守托运人提供的所有须知。

图片:

3.7 其他未列名金属矿及砂、灰、渣 JT039

3.7.1 铅矿 JT039 正常征收

描述：Lead ore，铅矿是以晶体形式存在，属三方晶系的碳酸盐，有玻璃至金刚光泽，断口呈油脂光泽，为重而软的灰色固体物质。

用途：铅矿主要用于提取铅或作为制备各种铅化合物的矿物原料。

装载：其积载因数为 0.24～0.67 m^3/t，粉末状物质，组别 C，与所有第 8 类液体隔离。该货物在装卸前、装载期间和航行期间应尽可能保持干燥，不得在降水期间装卸。按 IMSBC 规则第 4 和 5 节的相关规定进行平舱。由于该货物密度极高，内底可能会受力过大，除非货物在内底均匀铺开以使重量平均分布。在航行和装载期间，应充分注意确保内底不因货物呈堆状而受力过大。

现场检查注意事项：有毒，与酸性物质接触释放剧毒蒸气。

图片：

3.7.2 铅精矿[铅锌煅砂(混合的)、铅锌中矿、铅银精矿、银铅精矿、锌铅煅砂(混合的)、锌铅中矿、锌精矿、锌烧结矿] JT039 正常征收

描述: Lead concentrate,精矿是精炼矿石,有价值的成分已通过清除大部分废料而增加。铅精矿的选矿工艺一般是由铅矿石经破碎、球磨、泡沫浮选等工艺,生产出达到国家标准的铅精矿,主要成分根据产品等级规定,铅含量为40% ~70%。

用途: 其是生产金属铅、铅合金、铅化合物等的主要原料。

装载: 见铁精矿。

现场检查注意事项: 见铁精矿。

图片:

3.7.3 粒状炉渣 JT039、JT053 缓征或免征

描述: Granulated slag,钢厂高炉产生的脏灰色粒状残渣。铁含量为0.5%。

用途: 其可作水泥原料、肥料及作保温隔热材料等。

装载: 其积载因数为0.90 m^3/t,最大颗粒5 mm,组别C,按

IMSBC规则第 4 和 5 节的相关规定进行平舱。当该货物温度超过 50 ℃时,不得装载。

现场检查注意事项: 渣尘精细并有腐蚀性,因此:(1)注意粉尘对机器处所、起居处所、设备及人员的影响;(2)可能暴露于货物粉尘的人员应戴护目镜或其他等效的防尘护目用具和粉尘过滤面罩,必要时应穿防护服。

图片:

3.7.4 铝熔炼副产品或铝再熔炼副产品 UN 3170 JT039 正常征收

描述: Aluminium smelting by-products or Aluminium remelting by-products,铝熔炼副产品是铝制造过程中产生的废弃物,为灰色或黑色粉末或团块,含有一些金属杂质。该名称涵盖各种不同的废弃物质,包括但不限于铝渣、铝盐渣、铝浮渣、废阴极、废电解槽。

用途: 其主要用于回收金属铝,另外用作电炉冶炼脱硫等。

装载: 其积载因数为 0.82 m^3/t,类别 4.3,组别 B,与食品和所有第 8 类液体隔离,按 IMSBC 规则第 4 和 5 节的相关规定进行平舱。该货物应尽实际可能保持干燥,不得在降水期间装卸。在装载该货物前,生产商或托运人应提供一份证书,说明该物质加工后在贮存时有遮蔽,但装运前在装运所需粒度状态下已露天放置不少于 3 天。

当船舶停靠码头且装有该货的货物处所的舱口关闭时，如天气许可则应持续进行机械通风。货物处所和机舱之间的舱壁应气密，并应由主管当局检查和认可。在该货物装卸期间，应在甲板上和货物处所相邻区域张贴“严禁吸烟”标志，并应在这些区域禁止明火。除SOLAS第Ⅱ-2/10.10条所要求者外，还应至少配备两套自给式呼吸器；货物处所和机舱之间的舱壁应气密；应避免因疏忽而在泵水时经过机器处所。在航行期间，应为载运该货的货物处所持续进行机械通风；如保持通风危及船舶或货物，可中断通风，除非这会引起爆炸风险或其他危险；无论如何，卸货前应在一段合理时间内保持机械通风，通风的布置应使进入甲板上面或下面生活区的逸出气体减至最低限度。为测量氢、氨和乙炔的含量，该货物载运期间船上应有每种气体或混合气体的合适探测器，探测器应为经核准在爆炸性空气中使用的安全类型。载运该货的货物处所中这些气体的浓度应在航行期间定期测量，测量结果应有记录并在船上保存。

现场检查注意事项：(1)其可能产生热量并可能释放易燃和有毒气体，如氢、氨和乙炔；(2)不易发生火灾，但易燃气体爆炸后可能随之起火并难以扑灭；(3)在港口内可考虑向舱内灌水，但宜充分考虑到船舶稳性。火灾应急时，关闭舱盖板并使用CO_2(如备有)，不得用水。如上述方法无效，则努力阻止火势蔓延并驶向最近的合适港。

图片：

3.7.5 铝熔炼/再熔炼副产品(经处理的) JT039 正常征收

本明细表的规定不适用于铝熔炼/再熔炼副产品 UN3170。

描述：Aluminum smelting/remelting by-products(processed),用水或/和碱溶液处理铝熔炼/再熔炼副产品得到的产品,减弱该物质与水的反应程度。其为潮湿的粉末,有轻微的氨气味。

用途：其主要通过分离精炼提取部分铝金属。

装载：其积载因数为0.57～0.93 m^3/t,颗粒一般小于1 mm,类别MHB,组别A和B,与食品和所有第8类液体隔离,按照第4.3类物质隔离,按IMSBC规则第4和5节的相关规定进行平舱。该货物尽可能保持干燥,在装载和航行期间水分含量要低于适运水分极限。可能接触该货物的人员须穿戴个人防护设备,包括护目镜和/或必需的皮肤防护设备。在装货前,生产商或托运人须提供一份证书,证明该物质在生产之后曾在有遮盖的条件下存放,在其将被运输的颗粒尺寸状态下,装船前暴露在空气中的时间少于4个星期。当船舶停靠在码头且装有该货物的货舱口关闭时,如果天气允许,须保持连续的机械通风。在该货物装卸期间,须在甲板上和货物处所附近区域张贴"禁止吸烟"标志,并在这些处所禁止明火。货物处所和机舱的舱壁应保持气密,须避免通过机器处所错误抽吸。舱底污水井须保持清洁、干燥并酌情遮盖以防止货物进入。航行期间须为载运该货物的货物处所持续进行机械通风。如果保持通风会威胁到船舶或货物,可以中断通风,除非中断通风会导致爆炸或其他危险。无论任何情况,卸货前均须在一段合理时间内保持通风。通风的布置须尽量减少排出气体进入甲板上或下面的起居舱室。为测量氢气、氨气和乙炔的含量,在载运该货物期间须在船上装有每种气体或混合气体的探测器,此种探测器须通过认证,属于可在可爆气体中使用的安全型。须在航行期间定期测量载运该货物的处所中这些气体的含量,并须记录并在船上保存测量结果。在航行期间,须定期检查货物表面的情况。若在航行期间观察到货物上面有自由液面或流态货物,船长须采取适当措施以防止货物移动和船舶的倾覆危险,并考虑寻求紧急进入避难地。

现场检查注意事项: 可能暴露于货物粉尘的人员必要时应穿戴防护服、护目镜或其他等效的防尘护目用具和过滤面罩。火灾应急时,封舱并使用二氧化碳(如果装有)。

图片:

3.7.6 硫化金属精矿 JT039 正常征收

描述: Metal sulphide concentrates,精矿是精炼矿石,通过清除绝大部分废料而使其有价值的成分富集。其粒度一般很小,但在并非刚生产的精矿内有时存在团粒。这类精矿中最常见的有锌精矿、铅精矿、铜精矿和低品位中档精矿。

用途: 硫化金属精矿主要用于生产各种金属。

装载: 其积载因数为 0. 31 ~ 0. 56 m^3/t,各种大小均有,类别 MHB,组别 A 和 B,除经主管当局决定外,隔离要求同第 4. 2 类物质,与食品和第 8 类所有酸性物质隔离。船舶航行期间和降水期间装卸应使货物的含水量低于其 *TML*。如果货物不是在专门建造或配备符合 IMSBC 规则 7. 3. 2 要求的船舶中运输,须遵守:(1)航行期间须将货物的含水量保持在适运水分极限以下;(2)除非是在本明细表中有明确规定,不得在降水期间装卸;(3)除非是在本明细表中有明确规定,在货物装卸期间,须关闭装载或拟装载该货物的处所的不在使用中的所有舱盖;(4)如果货物的实际含水量小于适运水分极限,足以使实际含量不会由于降水而可能超过适运水分极限,则可在降水期间装卸;(5)如果货物处所的全部货物将在一港口卸完,可以在降水中卸下货物处所中的货物等规定。应对该货物进行平舱,以确保货物表面峰谷间的高度差不超过船舶宽度的5%,货物从舱口四周限界至舱壁的坡度均匀以及不留有会在航行期间坍塌的陡面,特别对船长为100 m或以下的较小船舶。由于该货物密度极高,内底可能会受力过大,除非货物在内底均匀铺开以使重量平均分布。在航行和装载期间,应充分注意确保内底不因货物呈堆状而受力过大。应不准进入装有该货的货物处所,除非该处所经过通风并已检测其空气中的氧气浓度。在航行期间,不得对载运该货的货物处所通风。该货物的表面外形应在航行期间定期检查。如在航行期间观察到货物表面出现自由水或货物呈现流体状态,船长应采取相应行动防止货物的移动和船舶可能的倾覆,并考虑设法紧急驶入避难地。为测量氧气和该货物易于释放的有毒烟气,该货物载运期间船上应有每种气体和烟气或其混合气体的合适探测器。探测器应适合在无氧气的空气中使用。载运该货的货物处所中的这些气体的浓度应在航行期间定期测量,测量结果应有记录并在船上保存。

现场检查注意事项:(1)某些含硫化物精矿易于氧化并可能有自热趋势,同时造成缺氧并散发有毒烟气,某些物质可能产生腐蚀问题;(2)当某种金属硫化物精矿视为失火风险低时,用未设固定式气体灭火系统的船舶运输该货物宜按SOLAS第Ⅱ-2/10.7.1.4条规定,经主管机关批准;(3)注意粉尘对机器、设备、起居处所及人员的影响;(4)可能暴露于货物粉尘的人员必要时应穿戴防护服、护目镜或其他等效的防尘护目用具和过滤面罩;(5)应携带自给式呼吸器专用应急设备。火灾应急时,关闭舱盖板,使用船舶的固定式灭火装置,不得用水。隔绝空气可能足以控制火势。

图片:

4 钢铁
JT04

4.1 生铁、铁合金、非合金钢
JT042

4.1.1 生铁 JT0421 正常征收

描述：Pig iron，是含碳量大于2%的铁碳合金，工业生铁含碳量一般为2.11%～4.3%，并含C、Si、Mn、S、P等元素，是用铁矿石经高炉冶炼的产品。铸造生铁被铸成20 kg生铁锭，有28个等级。在任意堆放时，生铁约占外形体积的50%。生铁坚硬、耐磨、铸造性好，但比较脆，不能锻压。

用途：生铁主要用作炼钢的原料，此外用于制造各种铸件以及多种机械零件等。

装载：其积载因数为0.28～0.30 m^3/t，颗粒大小为550 mm×90 mm×80 mm，组别C，按IMSBC规则第4和5节的相关规定进行平舱。该货物通常用矿车装载，通常用起重机将矿车降入货舱后倒出生铁。当用矿车装载该货物时，应将最初几车放在内底上以免造成损坏。由于该货物密度极高，内底可能会受力过大，除非货物在内底均匀铺开以使重量平均分布。在航行和装载期间，应充分注意确保内底不因货物呈堆状而受力过大。

现场检查注意事项：无。

图片：

4.1.2 铁合金 JT0422 正常征收

4.1.2.1 铁铬合金 JT0422 正常征收

描述：Ferrochrome，是铁混合了铬的未加工物质，为极重的货物。

用途：铁铬合金主要用作炼钢的合金添加剂。

装载：其积载因数为 0.18 ~ 0.26 m^3/t，最大 300 mm，组别 C，按 IMSBC 规则第 4 和 5 节的相关规定进行平舱。由于该货物密度极高，内底可能会受力过大，除非货物在内底均匀铺开以使重量平均分布。在航行和装载期间，应充分注意确保内底不因货物呈堆状而受力过大。

现场检查注意事项：无。

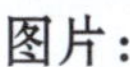
图片：

4.1.2.2 铁铬合金(放热的)JT0422 正常征收

描述: Ferrochrome(exothermic),铁与铬的合金,极重的货物。

用途: 其主要用作炼钢的合金添加剂。

装载: 其积载因数为0.18~0.28 m^3/t,最大颗粒300 mm,组别C,按IMSBC规则第4和5节的相关规定进行平舱。由于该货物密度极高,内底可能会受力过大,除非货物在内底均匀铺开以使重量平均分布。在航行和装载期间,应充分注意确保内底不因货物呈堆状而受力过大。

现场检查注意事项: 在装载、运输和卸货期间,不得在装有该货的货物处所附近进行焊接或其他热工作业。

图片:

4.1.2.3 铁锰合金 JT0422 正常征收

描述: Ferromanganese,铁混合了锰的未加工物质。

用途: 在炼钢中,铁锰合金用作脱氧剂和合金添加剂,是用量最多的铁合金。

装载: 其积载因数为0.18~0.28 m^3/t,最大颗粒300 mm,组别C,按IMSBC规则第4和5节的相关规定进行平舱。由于该货物密度极高,内底可能会受力过大,除非货物在内底均匀铺开以使重量平均分布。在航行和装载期间,应充分注意确保内底不因货物呈堆状而受力过大。

现场检查注意事项: 无。

图片：

4.1.2.4 镍铁合金 JT0422 正常征收

描述：Ferronickel，镍铁是含镍量为 20% ~60% 的镍铁合金。

用途：在炼钢工业中，镍铁合金主要作为合金元素添加剂，也可用作含镍或含镍铬铸铁轧辊及其他铸造合金加入剂。

装载：其积载因数为 0.24 m^3/t，最大颗粒 300 mm，组别 C，按 IMSBC 规则第 4 和 5 节的相关规定进行平舱。由于该货物密度极高，内底可能会受力过大，除非货物在内底均匀铺开以使重量平均分布。在航行和装载期间，应充分注意确保内底不因货物呈堆状而受力过大。

图片：

4.1.2.5 磷铁合金（包括合金锭）JT0422 正常征收

描述：Ferrophosphorus（including briquettes），磷铁是用磷矿石和铁矿石在高炉中冶炼制成的一种合金，它是含磷 20% ~26%、硅

0.1% ~6% 的共生化合物，可改变钢的抗蚀性和切屑性。

用途：在炼钢工业中，磷铁合金可作为合金剂和脱氧剂，还可以用于生产磷酸盐和制造手雷、炮弹等的外壳。

装载：合金锭积载因数为 0.2 m^3/t，直径为 2.54 mm，类别 MHB，组别 B，按第 4.3 类物质隔离，与食品和第 8 类液体隔离，按 IMSBC 规则第 4 和 5 节的相关规定进行平舱。该货物应尽实际可能保持干燥，不得在降水期间装卸。由于该货物密度极高，内底可能会受力过大，除非货物在内底均匀铺开以使重量平均分布。在航行和装载期间，应充分注意确保内底不因货物呈堆状而受力过大。在航行期间，应为载运该货物的货物处所进行机械通风。风机应为经核准在易燃气体环境中使用的安全类型。只要货物在船上，风机通常应持续运转。如不可行，则应在天气许可时运行，且无论如何在卸货前运行一段合理的时间。为测量根据货物信息可能由该货物释放的可燃和有毒气体（如磷化氢），在载运该货物期间须在船上装有每种气体或混合气体的探测器，此种探测器应当通过认证，属于可在可爆气体中使用的安全类型。载运该货的货物处所中这些气体的浓度应在航行期间定期测量，测量结果应有记录并在船上保存。

现场检查注意事项：该货物遇水可能释放易燃和有毒气体（如磷化氢），应携带自给式呼吸器专用应急设备。火灾应急时，关闭舱盖板并使用 CO_2（如备有），不得用水。

图片：

4.1.2.6 硅铁 JT0422 正常征收

(1)UN 1408 硅铁含硅 30%或以上,但小于 90%(包括硅铁锭);

(2)硅铁含硅量为 25% ~30%,或硅含量为 90%或以上(包括硅铁锭)。

描述: Ferrosilicon,硅铁是铁和硅组成的,以焦炭、钢屑、石英(或硅石)为原料,用电炉冶炼制成的铁硅合金,是一种极重的货物。

用途:硅铁常用作炼钢时的脱氧剂、合金元素加入剂以及铁合金生产及化学工业中的还原剂,在钢工业、铸造工业及其他工业生产中被广泛应用。

装载:硅铁的积载因数为 0.48 ~0.72 m^3/t,硅铁锭积载因数为 0.65 ~0.90 m^3/t,锭状最大 300 mm,类别 4.3 和 6.1,组别 B,与食品和所有第 8 类液体隔离,按 IMSBC 规则第 4 和 5 节的相关规定进行平舱。该货物应尽实际可能保持干燥,不得在降水期间装卸。由于该货物密度极高,内底可能会受力过大,除非货物在内底均匀铺开以使重量平均分布。在航行和装载期间,应充分注意确保内底不因货物呈堆状而受力过大。制造商或托运人应向船长提供一份证书,说明该货物加工后在贮存时有遮盖,但装运前已在干燥天气下露天放置不少于 3 天。在航行期间,应为载运该货物的货物处所持续进行机械通风。如保持通风危及船舶或货物,可中断通风,除非这会引起爆炸风险或其他危险。无论如何,卸货前应在一段合理时间内保持机械通风。为测量氢、磷化氢和砷化氢及硅烷的含量,该货物载运期间船上应有每种气体或混合气体的合适探测器,探测器应为经核准在爆气性空气中使用的安全类型。载运该货的货物处所中这些气体的浓度应在航行期间定期测量,测量结果应有记录并在船上保存。

现场检查注意事项:(1)遇水分或水可能释放氢(一种可能在空气中形成爆炸性混合物的易燃气体),在类似条件下还可能产生磷化氢和砷化氢,两者均为剧毒气体;(2)应携带自给式呼吸器专用应急设备。火灾应急时,关闭舱盖板并使用 CO_2(如备有),不得用水。

图片：

4.1.2.7 硅锰合金(低碳)JT0422 正常征收

描述：Silicomanganese(low carbon)，是由锰、硅、铁及少量碳和其他元素组成的合金，是一种用途较广、产量较大的铁合金。该合金是一种极重的货物，为有灰色氧化表层的银色金属物质。

用途：锰硅合金是炼钢常用的复合脱氧剂，又是生产中低碳锰铁和电硅热法生产金属锰的还原剂。

装载：其积载因数为 0.18～0.26 m^3/t，颗粒大小为 10～100 mm，类别 MHB，组别 B，隔离要求同第 4.3 类物质，与食品和所有第 8 类液体“隔离”，按 IMSBC 规则第 4 和 5 节的相关规定进行平舱。其遇水可能释放氢(一种可能在空气中形成爆炸性混合物的易燃气体)，在类似情况下还可能产生磷化氢和砷化氢，两者均为剧毒气体。该货物易减少货物处所的氧气含量。该货物为不燃物或失火风险低。

现场检查注意事项：制造商或托运人应向船长提供一份证书，说明该货物加工后在贮存时有遮盖，但装运前已在干燥天气下露天放置不少于 3 天。只要该货物在船上，甲板上和货物处所内应不准吸烟，并应在甲板上张贴“严禁吸烟”标志。电气附件和电缆应处于良好状态，并有妥善保护以防短路和产生火花。如要求舱壁适合用于隔离，则甲板和舱壁的电缆及导管贯穿处应密封以防气体和蒸气通过。如实际可行时，应在该货物装载和卸货期间关闭或遮蔽通风系统并将空调系统置于空气循环状态，以尽量减少进入船舶生活区或其他内部处所的粉尘。应采取预防措施，尽量减少粉尘与甲板机械的运转部分以及航行灯之类外部助航设备的接触。在已做检测并已确定所有处所的氧含量已恢复到正常水平且不存在有毒气体前，不宜准许人员进入封闭处所，除非已对货物上面全部自由空间进行充分通风和空气循环。

图片：

4.1.3 还原铁产品 JT0423

4.1.3.1 直接还原铁(A)(块状，热铸的)JT0423 正常征收

描述： Direct reduced iron(A)，即 DRI(A)(Briquettes hot-moulded)，又称海绵铁，直接还原铁 A 是由直接还原铁铁矿原料在成型温度高于650 ℃时的稠化过程中产生的一种灰色金属物质，铸成块状，密度大于5 000 kg/m^3，微粒和小颗粒(6.35 mm 以下)，按重量计不超过5%。

用途： 其是生产优质钢和特种钢的必用材料，是补充废钢不足的优质电炉原料，可作为转炉炼钢的冷却剂，还可用于粉末冶金。

装载： 其积载因数为 0.3～0.4 m^3/t，大小长 50～140 mm，宽 40～100 mm，厚 20～50 mm，块重 0.2～3.0 kg，微粒和小颗粒(6.35mm 以下)，类别 MHB，组别 B，与第 1(第 1.4S)、2、3、4 和 5 类包装货物及第 8 类包装酸性物质隔离(见 IMDG 规则)，与第 4 和 5 类固体散装物质隔离，与第 1 类(第 1.4 类除外)货物用介于中间的整个舱室或货舱纵向隔离，按 IMSBC 规则第 4 和 5 节的相关规定进行平舱。载运该货物的舱室的限界应能防火和防止液体通过。该货物在装载和航行期间应尽实际可能保持干燥,可以接受在装载前露天贮存。该货物不得在降水期间装船或在船舶之间或驳船之间转驳。在该货物装载期间,装载或待装载该货物的处所的所有未用舱口均应保持关闭状态。仅在天气许可时,未用舱口盖可在每次向舱内倒货后开启至少 1 h,让散装进舱的货物冷却。在装载该货物前,托运人应向船长提供一份由装货港国家主管机关认可的主管人员签发的证书,说明该货物在装载时适于装运且符合 IMSBC 规则的要求;微粒和小颗粒含量按重量计不大于 5%;含水量少于 1.0% 且温度不超过 65 ℃。如果其温度超过 65 ℃,或含水量超过 1.0%,或微粒和小颗粒含量按重量计超过 5%,则不得接受装载。货物的装载方式应使砖形块、丸粒和块的损坏、增生的微粒及任何货物区域的微粒浓度减至最低限度。该货物应质地均匀,无附加废弃物;应禁止该货物增加 DRI 颗粒、微粒或粉尘;应充分考虑将货物在内底均匀铺开,以尽量减少微粒浓度。货物温度和水分应在装载期间予以监测并记入日志,要详细记载所装每批货物的温度和水分,并应向船长提供该日志的一份副本。装载后,应由装货港国家主管机关认可的主管人员签发一份证书,确认全部托运货物的微粒和小颗粒(大小不足 6.35 mm)含量按重量计小于 5%。

现场检查注意事项:(1)该物质在散装状态下装卸后,温度预计可能因自热而暂时升高约 30 ℃;(2)该物质遇水(特别是盐水)后可能缓慢释放氢,氢是易燃气体,按体积计以大于 4% 浓度与空气混合后能形成爆炸性混合物;(3)其易使货物处所缺氧。

图片:

4.1.3.2 直接还原铁(B)(块状,颗粒和冷模砖)JT0423 正常征收

描述: Direct Reduced Iron(B),即 DRI(B)(Lumps, pellets, cold-moulded briquettes),是在低于铁的熔点温度时对氧化铁进行直接还原(除氧)的过程中生产的多孔的黑色/灰色金属物质。冷模砖系指在650 ℃以下形成的或其密度小于5 000 kg/m^{3}的砖坯。微粒和小颗粒(不足6.35 mm)的含量按重量计不得超过5%。

用途: 它是生产优质钢和特种钢的必用材料,是补充废钢不足的优质电炉原料,可作为转炉炼钢的冷却剂,还可用于粉末冶金。

装载: 其积载因数为0.5~0.57 m^3/t,块和颗粒的平均粒度为6.35~25 mm,冷模砖最大尺寸为35~40 mm,微粒和小颗粒(6.35 mm以下),按重量计不得超过5%,类别MHB,组别B,其他见直接还原铁A及IMSBC。

现场检查注意事项: 见直接还原铁A及IMSBC。

图片:

4.1.3.3 直接还原铁(C)(产生的粉末)JT0423 正常征收

描述: Direct Reduced Iron(C),即 DRI(C), by-product fines,是在DRI(A)和/或DRI(B)进行制造和装卸过程中产生的一种多孔的黑色/灰色金属物质。DRI(C)的密度小于5 000 kg/m^3。

用途: 它是生产优质钢和特种钢的必用材料,是补充废钢不足的优质电炉原料,可作为转炉炼钢的冷却剂,还可用于粉末冶金。

装载：其积载因数为0.30～0.54 m^3/t，微粒和小颗粒平均大小不足6.35 mm，无颗粒超过12 mm，类别MHB，组别B。其他见直接还原铁A及IMSBC。

现场检查注意事项：见直接还原铁A及IMSBC。

图片：

4.1.3.4 氧化铁(废的或海绵铁)UN 1376 JT0423 正常征收

描述：Iron oxide(spent or iron sponge)，从煤气提纯中制得，粉末状物质，呈黑色、褐色、红色或黄色，气味强烈，可污染其他货物。

用途：废氧化铁用于油漆、油墨、橡胶等工业中，可做催化剂，玻璃、宝石、金属的抛光剂，可用作炼铁原料。废海绵铁是生产优质钢和特种钢的必用材料。

装载：其积载因数为0.45 m^3/t，最大颗粒20 mm，类别4.2，组别B，与食品隔离。该货物应尽实际可能保持干燥，不得在降水期间装卸，按IMSBC规则第4和5节的相关规定进行平舱。由于该货物密度极高，内底可能会受力过大，除非货物在内底均匀铺开以使重量平均分布。在航行和装载期间，应充分注意确保内底不因货物呈堆状而受力过大。装载前，托运人或制造商应向船长提供一份证书，说明该货物装运前已冷却并已风化不少于8个星期。在航行期间，必要时应仅对货物表面进行自然或机械通风。为测量氧和氰化氢的含量，该货物载运期间船上应有每种气体或混合气体的合适探测器；探测器应适合在无氧气的空气中使用，且为经核准在爆炸性空气中使用的安全类型。载运该货的货物处所中的这些气体的浓度应在航行期间定期测量，测量结果应有记录并在船上保存。

现场检查注意事项：(1)其较易自热和自燃，特别是沾染油或受潮时；(2)其可能产生硫化氢、二氧化硫和氰化氢等有毒气体；(3)粉尘可能造成爆炸危害；(4)它易减少货物处所的氧气含量；(5)应携带防护服(手套、靴子、工作服、安全帽)、自给式呼吸器及喷雾嘴专用应急设备。火灾应急时，关闭舱盖板，使用船舶的固定式灭火装置(如有)。隔绝空气可能足以控制火势。

图片：

5 矿物性建筑材料

JT05

5.1 砂、碎料、碎砾石、沙、渣、脱硫石膏、泥 JT053 缓征或免征

5.1.1 海沙(砂)、河沙(砂)JT053 缓征或免征

描述: Sea sand,海沙(砂)为受海水侵蚀而没有经过淡化处理的沙(砂),含氯离子成分,坚硬,带有棱角。河沙(砂)为天然石,是在自然状态下,经水的作用力反复冲撞、摩擦而产生的杂质含量多的非金属矿石,颗粒圆滑、洁净、没有味道。

用途: 它主要用作建筑、工业、炼铁用原材料。

图片:

5.1.2 碎石块 JT053 缓征或免征

描述： Stone chippings，又名筛屑，采石场加工碎石时通过规格为 2.36 mm 或 4.75 mm 的筛子筛下部分集料的统称。石屑又称人工砂，表面比砂粗糙，有尖锐棱角，且含有较多的粒径小于 0.16 mm 的石粉，屑中含有大颗粒，也含有粉粒，这种级配拌合物的强度较高，与水泥的黏结性好。

用途： 它广泛应用在混凝土、砂浆和制品等建筑工程材料中。

装载： 其积载因数为 0.71 m^3/t，细粉末至 25 mm 大小，组别 C，按 IMSBC 规则第 4 和 5 节的相关规定进行平舱。

图片：

5.1.3 卵石(海中)JT053 缓征或免征

描述： Pebbles，卵石是自然形成的岩石颗粒，可形成砾岩。卵石分为河卵石、海卵石和山卵石。卵石的形状多为圆形，表面光滑，极易滚动。

用途： 卵石通常作混凝土粒料、铺路或其他路基用，也适用于各种滤池，是各种机械过滤器承托层中的理想垫层滤料。

装载： 其积载因数为 0.59 m^3/t，颗粒大小为 30 ~ 110 mm，组别 C，按 IMSBC 规则第 4 和 5 节的相关规定进行平舱。该货物应小心装载，以防损坏内底。

图片：

5.1.4 石膏颗粒 JT053 缓征或免征

描述： Gypsum granulated，石膏颗粒由水合硫酸钙制成，硫酸钙由人工合成或者是工业副产品。石膏颗粒通过对水合硫酸钙造粒和处理，使其颗粒尺寸变为 10 mm 或者更大，不溶于水。

用途： 它是一种用途广泛的工业材料和建筑材料，可用于水泥缓凝剂、石膏建筑制品、模型制作、医用食品添加剂、硫酸生产、纸张填料、油漆填料等。

装载： 其积载因数为 0.83 ~ 3.23 m^3/t，颗粒超过 10 mm 大小，组别 C，按 IMSBC 规则第 4 和 5 节的相关规定进行平舱。

图片：

5.1.5 蛭石 JT053 缓征或免征

描述： Vermiculite，蛭石是一种天然、无毒的矿物质，在高温作用下会膨胀。它是一种比较少见的矿物，属于硅酸盐。其晶体结构为单斜晶系，从外形上看像云母。蛭石是一定的花岗岩水合时产生的，一般与石棉同时产生。

用途： 蛭石主要用于建筑、农业中。

装载： 其积载因数为 1.37 m^3/t，颗粒大小为 3 mm，组别 C，按 IMSBC 规则第 4 和 5 节的相关规定进行平舱。装载前，制造商或托运人应根据试验提供一份证书，说明石棉含量小于 1%。

现场检查注意事项： (1)保证机器处所和起居处所不受货物粉尘的影响；(2)货物处所的舱底污水井应受到保护不让货物进入；(3)应充分考虑到保护设备不受货物粉尘的影响；(4)可能暴露于货物粉尘的人员必要时应穿戴防护服、护目镜或其他等效的防尘护目用具和过滤面罩。

图片：

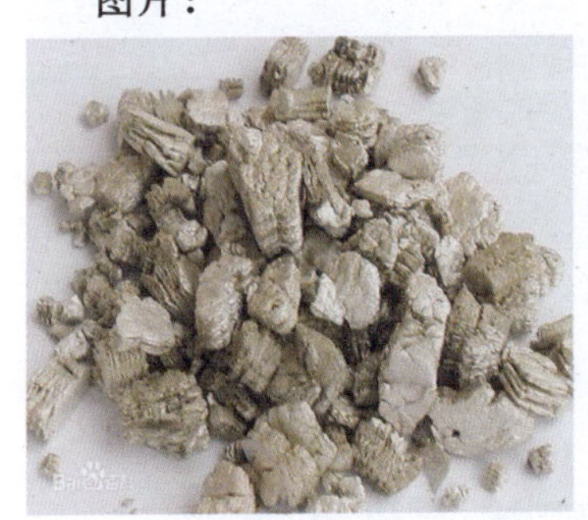

5.1.6 飘尘(干燥的)JT053 缓征或免征

描述： Fly ash(dry)，又称煤灰或粉煤灰，是燃烧煤和油的火力发电厂产生的轻质细碎且多粉尘的细粉末状残留物，不要与烟灰混淆，颗粒的粒径范围为0.5～300 μm。

用途：其主要在城市治理、环境保护、化学实验领域用作吸附剂、净化剂、催化剂，此外还可用作肥料及混凝土掺和料等。

装载：其积载因数为1.26 m^3/t，组别C，与食品隔离，按IMSBC规则第4和5节的相关规定进行平舱。该货物应尽实际可能保持干燥，不得在降水期间装卸。载运该货物的船舶在货物密实前不得离港。该货物的装载完成后，应将货物处所的舱口密封。货物处所的所有透气孔和出入通道在航行期间均应关闭。载运该货物的货物处所舱底水除绝对必要外，不得用泵抽除。

现场检查注意事项：(1)暴露于空气中时可能移动；(2)注意粉尘对机器处所、起居处所、设备及人员的保护；(3)可能暴露于货物粉尘的人员应戴护目镜或其他等效的防尘护目用具和粉尘过滤面罩，必要时应穿防护服。

图片：

5.1.7 飘尘(湿的)JT053 缓征或免征

描述：Fly ash(wet)，又称煤灰或粉煤灰，是燃烧煤和油的火力发电厂产生的轻质细碎且多粉尘的细粉末状灰渣与水的混合物(含水量不少于10%)，为灰色粉末，具有氨水气味。

用途：其主要在城市治理、环境保护、化学实验领域用作吸附剂、净化剂、催化剂，此外还可用作肥料及混凝土掺和料等。

装载：其积载因数为0.77～1.11 m^3/t，小于1 mm，组别A，与食品隔离，按IMSBC规则第4和5节的相关规定进行平舱。如果货物不是在专门建造或配备符合IMSBC规则7.3.2要求的船舶中运输，须遵守：(1)航行期间须将货物的含水量保持在适运水分极限以下；(2)除非是在本明细表中有明确规定，不得在降水期间装卸；(3)除非是在本明细表中有明确规定，在货物装卸期间，须关闭装载或拟装载该货物的处所的不在使用中的所有舱盖；(4)如果货物的实际含水量小于适运水分极限，足以使实际含量不会由于降水而可能超过适运水分极限，则可在降水期间装卸；(5)如果货物处所的全部货物将在一港口卸完，可以在降水中卸下货物处所中的货物等规则。在航行期间，不可对装载该货物的货物处所进行通风。在航行期间，须定期检查货物的外表。如在航行期间观察到货物表面出现自由水或货物呈现流体状态，船长应采取相应行动防止货物的移动和船舶可能的倾覆，并考虑设法紧急驶入避难地。

现场检查注意事项：如果水分含量足够高，湿飘尘可流动。

图片：

5.1.8 熟料粉煤灰(湿的)JT053 缓征或免征

描述： Clinker ash(wet)，粉煤灰来自于燃煤发电站的排放，从锅炉的底部收集的灰，颜色可能介于近白色和近黑色之间，类似于沙子，水分含量为15% ~23%，不溶于水。

用途： 其主要在城市治理、环境保护、化学实验领域用作吸附剂、净化剂、催化剂。此外还可用作肥料及混凝土掺和料等。

装载： 其积载因数为0.6 ~1.7 m^3/t，最大颗粒为90 mm，类别MHB，组别A和B，按IMSBC规则第4和5节的相关规定进行平舱。如果货物不是在专门建造或配备符合IMSBC规则7.3.2要求的船舶中运输，须遵守：(1)航行期间须将货物的含水量保持在适运水分极限以下；(2)除非是在本明细表中有明确规定，不得在降水期间装卸；(3)除非是在本明细表中有明确规定，在货物装卸期间，须关闭装载或拟装载该货物的处所的不在使用中的所有舱盖；(4)如果货物的实际含水量小于适运水分极限，足以使实际含量不会由于降水而可能超过适运水分极限，则可在降水期间装卸；(5)如果货物处所的全部货物将在一港口卸完，可以在降水中卸下货物处所中的货物。应急程序中，应配备防护服(手套、护目镜、防尘过滤口罩、连体衣)和自给式呼吸器。

现场检查注意事项： (1)该货物的水分含量如果超过适运水分极限(*TML*)可能会流态化；(2)可能暴露于货物粉尘的人员必要时应穿戴防护服、护目镜或其他等效的防尘护目用具和过滤面罩。

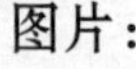
图片：

5.1.9 硫酸渣 JT053 缓征或免征

描述：Pyrite cinder，又称黄铁矿烧渣，用黄铁矿或硫铁矿制硫酸产生的工业废渣。

用途：硫酸渣可作为炼铁原料，部分可用作水泥原料、制砖材料等。

图片：

5.1.10 脱硫石膏 JT053 缓征或免征

描述：Desulfuration gypsum，又称排烟脱硫石膏、硫石膏或 FGD 石膏，主要成分为二水硫酸钙，含量大于或等于 93%，是燃煤或油的工业企业在治理烟气中的二氧化硫后得到的工业副产品石膏，以单独的结晶颗粒存在。

用途：其用于冶金或制作水泥、石膏板材、工程辅料、复合肥等。

图片：

5.2 石灰（未熟化的）
JT055 减半征收

描述：Lime (unslaked)，又称生石灰、氧化钙，通常是将主要成分为碳酸钙的天然岩石，在高温下煅烧，即可分解生成二氧化碳以及氧化钙，呈白色或灰白色。

用途：其常用作干燥剂，也用于钢铁、农药、医药、制革及醇的脱水等。此外，其还大量用作建筑材料，也是许多工业的重要原料。

装载：其为块状，类别 MHB，组别 B，与 B 组所有包装危险货物和固体散货隔离，按 IMSBC 规则第 4 和 5 节的相关规定进行平舱。该货物应尽实际可能保持干燥，不得在降水期间装卸。

现场检查注意事项：(1)生石灰与水结合形成氢氧化钙(熟石灰)或氢氧化镁，这一反应产生巨大的热量，足以引燃附近的可燃物质；(2)对眼睛和黏膜有腐蚀性；(3)注意防止粉尘对机器处所、起居处所、设备及人员的影响；(4)可能暴露于货物粉尘的人员必要时应穿戴防护服、护目镜或其他等效的防尘护目用具和过滤面罩。火灾应急时，如遇火，不得用水。

图片:

5.3 煤焦油沥青

JT059 正常征收

描述: Coal tar pitch,煤焦油蒸馏的粗渣,是生产焦炭的副产品,主要由多种多环芳烃组成,环境温度下呈黑色固体状,不溶于水,为生产电极的原料和冶炼焦炭覆盖沥青范围的材料。其水分含量可以达到6%。

用途: 其用于铺筑路面,制造涂料、电极、沥青焦及油毛毡等,也用作煤砖胶黏剂和木材防腐剂等。

装载: 煤焦油沥青其积载因数为 0.9 ~ 1.7 m^3/t,颗粒可达 100 mm,0% ~ 10% 为细颗粒,小于 1 mm,类别 MHB,组别 B,按 IMSBC规则第 4 和 5 节的相关规定进行平舱。

现场检查注意事项: (1)该货物受热时,融化变为易燃液体,软化温度为 70 ~ 120 ℃;(2)其对眼睛有刺激性,长时间暴露其中还可能对健康造成影响,故可能接触该货物的人员须穿戴防护手套、防尘口罩、防护服和护目镜。

图片：

6 水泥
JT06

6.1 硅酸盐等水泥及水泥熟料 JT061

6.1.1 水泥 JT061 减半征收

描述：Cement，是一种在含空气或受到严重扰动时成为几乎具有流动性的细粉末，因此具有非常小的静止角，在装载完成之后几乎立刻出现脱气，沉降后稳定成堆。如果船舶不是专门设计的水泥运输船，或者岸上设备没有安装专门的粉尘控制设备，在装载和卸货期间水泥粉尘是关注的首要问题。

用途：其用于制造混凝土、预制混凝土、清水混凝土、GRC 产品、黏合剂等。

装载：其积载因数为 0.67～1.00 m^3/t，最大颗粒 0.1 mm 大小，组别 C。该货物应尽实际可能保持干燥，不得在降水期间装卸。在装载该货物时，船舶应保持正浮状态。货物应平舱至货舱边缘，使货物表面与水平面的夹角不超过 25°。该货物的比重和静止角均取决于空气占其体积的比例。按体积计，该货物所含空气最多可能达到 12%。该货物在变得密实前处于流动状态。载运该货物的船舶在货物密实前不得离港。该货物密实后不会移动，除非其表面与水平面的夹角超过30°。在航行期间,不得对载运该货的货物处所通风。

现场检查注意事项:(1)其含有空气时可能移动;(2)注意粉尘对机器处所、起居处所、设备及人员的影响;(3)可能暴露于货物粉尘的人员应戴护目镜或其他等效的防尘护目用具和粉尘过滤面罩,必要时应穿防护服。

图片:

6.2 其他水泥

JT069

6.2.1 水泥烧结块 JT069 减半征收

描述: Cement clinkers,又称水泥熟料,是由含黏土的石英岩焙烧而成的。焙烧产生粗糙的渣块随后压碎成细粉末生产出水泥。粗糙的渣块称为烧结块,以此种形态装运可大大降低运输水泥粉末的难度。

用途:其用于制造混凝土、预制混凝土、清水混凝土、GRC 产品、黏合剂等。

装载:其积载因数为0.61~0.84 m^3/t,颗粒大小为0~40 mm,组别C,按IMSBC 规则第4和5节的相关规定进行平舱。该货物应尽实际可能保持干燥,不得在降水期间装卸。在航行期间,不得对载运该货的货物处所通风。

现场检查注意事项：(1)注意粉尘对机器处所、起居处所、设备及人员的影响；(2)可能暴露于货物粉尘的人员应戴护目镜或其他等效的防尘护目用具和粉尘过滤面罩，必要时应穿防护服。

图片：

7 木材

JT07

7.1 薪柴、木炭

JT075

7.1.1 木炭 JT075 正常征收

描述： Charcoal，是木材或木质原料经过不完全燃烧，或者在隔绝空气的条件下热解，所残留的深褐色或黑色多孔固体燃料。该货物粉尘极多，重量轻，所吸收水分能达到自身重量的18% ~70%。其含有黑色粉末或颗粒。

用途： 木炭主要用于冶金工业、渗碳剂、二硫化碳、木炭砖、木炭干燥剂、医用等。

装载： 其积载因数为5.02 m^3/t，类别 MHB，组别 B，隔离要求同第4.1类物质，与含油物质隔离，按 IMSBC 规则第4和5节的相关规定进行平舱。该货物应尽实际可能保持干燥，不得在降水期间装卸。第4.2类木炭不得散装载运。该货物装运前应露天放置不少于13天。在装载前，制造商或托运人应交给船长一份证书，说明货物根据主管机关认可的试验结果不属于第4.2类。该证书还应说明木炭已露天放置不少于13天。该货物应在其实际含水量不超过10%时方可接受装载。

现场检查注意事项：(1)木炭可能自燃，遇水可能自热，易使货物处所缺氧，超过55 ℃的热木炭筛屑不得装载；(2)注意粉尘对机器处所、起居处所、设备及人员的影响；(3)可能暴露于货物粉尘的人员应戴护目镜或其他等效的防尘护目用具和粉尘过滤面罩，必要时应穿防护服。火灾应急时，关闭舱盖板，使用船舶的固定式灭火装置(如有)；隔绝空气可能足以控制火势。

图片：

7.2 其他未列名木材及制品 JT079

7.2.1 锯屑 JT079 正常征收

描述：Sawdust，是指在进行木材加工时因为切割而从树木上散落下来的树木本身的末状木屑。

用途：锯屑在农业用作培养基(木耳、蘑菇)、保温材料等。

装载：其属于组别B，MHB，隔离要求同第4.2类物质，与所有第5.1类液体和所有第8类液体"隔离"。该货物应尽实际可能保持干燥。该货物不得在降水期间装卸。在装载该货物前，托运人应向船长提供一份证明，说明该货物清洁、干燥和无油污。在该货物装卸期间，装载或待装载该货物的处所的所有未用舱口均应关闭。

现场检查注意事项：(1)该货物如不清洁、不干燥和有油污，则会自燃；(2)其易使货物处所缺氧。

图片：

7.2.2 木片 JT079 正常征收

描述：Wood chips，机械削制的天然木材，大小约如名片。

用途：其一般是用于木制产品。

装载：其积载因数为3.07 m^3/t，类别MHB，组别B，隔离要求同第4.1类物质，按IMSBC规则第4和5节的相关规定进行平舱。该货物应尽实际可能保持干燥，不得在降水期间装卸。木片干燥时，易燃并能通过摩擦点燃，能轻易被外部火源点燃。货舱内可能出现48 h内氧气耗尽情况。

现场检查注意事项：(1)该物质有化学危害，某些装运货物可能易于氧化，导致货物处所和相邻处所缺氧及一氧化碳增加；(2)该货物含水量为15%或以上时，失火风险低，含水量减少，则失火风险增大，装载远离热源和明火；(3)船宜备有自给式呼吸器和测氧计；(4)与该类货对应消防灭火系统的有效性。

图片：

7.2.3 木球团 JT079 正常征收

描述： Wood pellets，呈浅金黄色至深褐色，非常坚硬，轻易不能压碎。木球团的典型密度为 1 100 ~ 1 700 kg/m^3，散货密度为 600 ~ 750 kg/m^3。木球团由木材加工过程中产生的锯屑、刨花和树皮等其他废木制成。除有规定者外，木球团通常无添加剂或黏合剂混入。原材料经碎裂、干燥和挤压而成为球团状。原材料的压缩倍率约为 3.5，木球团成品的含水量一般为 4% ~8%。

用途： 木球团在一些地区作用供暖和发电中燃料，并用作火炉和壁炉之类小空间供暖炉的燃料。木球团由于其吸收性特点，也用作动物的垫料。

装载： 其积载因数为 1.4 ~1.6 m^3/t，类别 MHB，组别 B，隔离要求同第 4.1 类物质，按 IMSBC 规则第 4 和 5 节的相关规定进行平舱。该货物应尽实际可能保持干燥，不得在降水期间装卸。所装运货物可能易于氧化，导致货物处所和相通处所缺氧及一氧化碳和二氧化碳增加。该货物吸入水分会膨胀，如含水量高于 15%，在一段时间后可能发酵，导致窒息和易燃，并可能产生自燃气体。木球团的装卸可能产生粉尘，粉尘浓度高时有爆炸风险。

现场检查注意事项：（1）应不准人员进入货物处所和相邻狭小

处所，除非已做检测并已确定氧含量和一氧化碳含量已恢复到要求的水平（氧含量20.7%，一氧化碳含量小于100 ppm）。如不符合这一条件，宜增加货舱或相邻封闭处所的通风量，并应在经过一段适当间隔时间后重新测量气体含量。所有船员进入货物处所和相邻封闭处所时，均应配备和启用氧气和一氧化碳测量计。(2)货舱清洁干燥。(3)船上宜备有自给式呼吸器。(4)二氧化碳灭火系统能正常使用。

图片：

8 非金属矿石
JT08

8.1 非金属矿、石、砂
JT081

8.1.1 磷矿石 JT0811

8.1.1.1 磷酸盐岩石(煅烧的)JT0811 缓征或免征

描述: Phosphate rock(calcined),又称磷酸岩、磷矿石,多产于沉积岩,也有产于变质岩和火成岩,通常呈碎石或小球状,极易扬尘,吸湿。

用途: 其在农业、医药、火柴、染料、制糖、食品、纺织、玻璃、陶瓷、国防工业中均有重要用途。

装载: 其积载因数为 0.64 ~ 1.26 m^3/t,组别 C,按 IMSBC 规则第 4 和 5 节的相关规定进行平舱。该货物应尽实际可能保持干燥,不得在降水期间装卸。卸货时如该货物已硬化,必要时应平舱以避免形成悬垂块片。

现场检查注意事项: (1)注意粉尘对机器处所、起居处所、设备及人员的影响;(2)可能暴露于货物粉尘的人员必要时应穿戴防护服、护目镜或其他等效的防尘护目用具和过滤面罩。

图片：

8.1.1.2 磷酸盐岩石(未煅烧的)JT0811 缓征或免征

描述：Phosphate rock(uncalcined)，又称磷酸岩、磷矿石，多产于沉积岩，也有产于变质岩和火成岩。它是磷和氧化合而成的一种矿石，视产地而定，呈棕黄色至深灰色，干燥且多粉尘，含水量0% ~2%。根据其产地不同，该货物可能具有流动性，一旦稳定，就不易移动。

用途：其在农业、医药、火柴、染料、制糖、食品、纺织、玻璃、陶瓷、国防工业中均有重要用途。

装载：其积载因数为0.70 ~0.80 m^3/t，为粉末至团块状，组别C，按IMSBC规则第4和5节的相关规定进行平舱。

现场检查注意事项：(1)注意粉尘对机器处所、起居处所、设备及人员的保护；(2)可能暴露于货物粉尘的人员必要时应穿戴防护服、护目镜或其他等效的防尘护目用具和过滤面罩。

图片：

8.1.2 镁、镁氧矿 JT0813

8.1.2.1 菱镁矿(天然的)JT0813 正常征收

描述: Magnesite(natural),是一种属三方晶系的碳酸镁矿物,它是镁的主要来源,颜色呈白色至黄色。

用途: 菱镁矿除作用提炼镁外,还可用作耐火材料和制取镁的化合物。

装载: 其积载因数为 0.7 m^3/t,颗粒大小为 3 ~ 30 mm,组别 C,与氧化性物质隔离,按 IMSBC 规则第 4 和 5 节的相关规定进行平舱。

现场检查注意事项: 无。

图片:

8.1.2.2 氧化镁(烧僵的)JT0813 正常征收

描述: Magnesia(deadburned),又称重烧镁、硬烧镁、死烧镁等,是菱镁矿在 1 400 ~ 1 800 ℃煅烧时,二氧化碳完全逸出,从而产生无反应作用的氧化镁,它不会水合或产生自热,制成砖形块,通常呈白色、褐色或灰色,大小、外形和装卸方式与砾石类似,干燥且多粉尘。

用途: 它是生产镁质耐火砖和不定型耐火材料的优质原料,也用于制造镁砖、铬镁砖、镁砂、冶金粉等。

装载: 其积载因数为 0.50 m^3/t,微粒至约 30 mm 大小,组别 C,按 IMSBC 规则第 4 和 5 节的相关规定进行平舱。装载前,托运人或制造商应向船长提供一份申报，说明该货物经过充分热处理，已可装载。

现场检查注意事项： 无。

图片：

8.1.2.3 氧化镁（未熟化的）JT0813 正常征收

描述： Magnesia(unslaked)，又称轻烧氧化镁、活性镁砂，是一种由天然菱镁矿石、水镁石和由海水或卤水中提取的氢氧化镁经 800 ~ 1 000 ℃煅烧，使其分解排出 CO_2 或 H_2O，得到的轻烧镁粉。

用途： 其被广泛用于建材、化工、冶金、医药等多个领域，是生产防火板、轻质隔墙板、硫酸镁、造纸、除硫工艺、钢厂护炉溅渣等的理想材料。

装载： 其积载因数为 0.8 m^3/t，微粒至 90 mm 大小，类别 MHB，组别 B，与 B 组所有包装危险货物和固体散货隔离，按 IMSBC 规则第 4 和 5 节的相关规定进行平舱。该货物应尽实际可能保持干燥，不得在降水期间装卸。

现场检查注意事项： (1)其与水结合形成氢氧化镁，体积膨胀并释放热量，与石灰（生的）相似，但活性较弱；(2)轻烧镁粉质地疏松、化学活性大，可能将温度低的物质引燃；(3)对眼睛和黏膜有腐蚀性；(4)注意粉尘对机器处所、起居处所、设备及人员的影响；(4)可能暴露于货物粉尘的人员必要时应穿戴防护服、护目镜或其他等效的防尘护目用具和过滤面罩。火灾应急时，如货物遇火，不得用水。

图片：

8.2 重晶石

JT083 正常征收

描述： Barytes，为晶体状矿石，是钡的最常见矿物，成分为硫酸钡。重晶石的晶体呈大的管状，晶体聚集在一起有时可形成玫瑰花形状或分叉的晶块，一般呈白、浅黄色，具有玻璃光泽，为钡的硫酸盐，水分1% ~6%。

用途： 重晶石主要用在钻井行业中作加重剂及提炼钡金属。此外重晶石在钻探、化工等领域用作白色颜料（俗称立德粉），还可用于化工、造纸、纺织填料，在玻璃生产中它可以充当助熔剂并增加玻璃的光亮度。

装载： 其积载因数为 0.34 m^3/t，80% 团块大小为 6.4 ~ 101.6 mm，20% 细石小于6.4 mm，组别 C，按 IMSBC 规则第 4 和 5 节的相关规定进行平舱。由于该货物密度极高，内底可能会受力过大，除非货物在内底均匀铺开以使重量平均分布。在航行和装载期间，应充分注意确保内底不因货物呈堆状而受力过大。

现场检查注意事项： (1) 注意粉尘对机器处所、起居处所、设备及人员的影响；(2) 可能暴露于货物粉尘的人员必要时应穿戴防护服、护目镜或其他等效的防尘护目用具和过滤面罩。

图片：

8.3 石灰石
JT084

8.3.1 石灰石 JT084 减半征收

描述： Limestone，是加工成石料和烧制成生石灰的原料，主要成分碳酸钙（$CaCO_3$），颜色各异，石灰石呈乳黄、白、中度深灰（刚破碎时）等各种颜色，含水量最高达4%。

用途： 石灰石是生产玻璃的天然碳酸钙主要原料，此外，大量用作建筑材料，也是许多工业的重要原料。

装载： 其积载因数为0.67～0.84 m^3/t，微粒至90 mm，组别C，按IMSBC规则第4和5节的相关规定进行平舱。

现场检查注意事项： 无。

图片：

8.3.2 大理石片 JT084 或 JT088 减半征收

描述： Marble chips，是地壳中原有的岩石经过地壳内高温高压作用形成的变质岩，主要成分以碳酸钙为主，约占 50% 以上。其干燥、多尘，呈白色至灰色的块、颗粒或粉末，混有少量砾石和卵石。

用途： 大理石片常用于人造石、水磨石、石米、石粉的生产，也可用于涂料、塑料、橡胶等行业的填料。

装载： 其积载因数为 1.53 m^3/t，组别 C，按 IMSBC 规则第 4 和 5 节的相关规定进行平舱。

现场检查注意事项：（1）注意粉尘对机器处所、起居处所、设备及人员的影响；（2）可能暴露于货物粉尘的人员必要时应穿戴防护服、护目镜或其他等效的防尘护目用具和过滤面罩。

图片：

8.4 白云石
JT085 正常征收

描述： Dolomite，白云石晶体属三方晶系的碳酸盐矿物，是一种呈浅黄色/棕色且非常坚硬密实的矿石，有时会将一种由钙和镁的氧化物组成的物质(白云石生石灰)错误地称为白云石。

用途:白云石可以作为炼钢时用的转化炉的耐火内层、造渣剂、水泥原料、玻璃熔剂、窑业、肥料、建筑与装饰用石材、油漆、杀虫剂与医药等。

装载:其积载因数为 0.6 ~ 0.7 m^3/t,最大颗粒 32 mm,组别 C,按 IMSBC 规则第 4 和 5 节的相关规定进行平舱。

现场检查注意事项:无。

图片:

8.5 工艺品、家居装饰用矿石、石膏 JT087

8.5.1 石膏 JT087 正常征收

描述: Gypsum,又称生石膏,是单斜晶系矿物,主要化学成分为硫酸钙($CaSO_4$)的水合物,为白色、无色,含杂质时显黄至红色,有玻璃、绢丝或珍珠光泽,不溶于水,平均含水量为 1% ~2% 。

用途:石膏是一种用途广泛的工业材料和建筑材料,可用于水泥缓凝剂、石膏建筑制品、模型制作、医用食品添加剂、硫酸生产、纸张填料、油漆填料等。

装载：其积载因数为0.67～0.78 m^3/t，最大颗粒100 mm，组别C，按IMSBC规则第4和5节的相关规定进行平舱。该货物应尽实际可能保持干燥，不得在降水期间装卸。装载时，其呈细粉末状，聚集成块。

现场检查注意事项：无。

图片：

8.6 岩、砂、土、渣、粉

JT088 减半征收

8.6.1 陶土、高岭土 JT088 缓征或免征

描述：Potter's clay，质纯的高岭土呈白色、质软，有很高的黏结性。天然高岭土因杂质含量不同颜色各异，一般呈灰色、黄色、黑色。

用途：其主要用于制造陶瓷、橡胶、塑料、人造革、耐火材料、化妆品等。

图片：

8.6.2 黏土 JT088 缓征或免征

描述：Clay，又称黏土，是含沙粒很少、有黏性的土壤，由硅酸盐矿物在地球表面风化后形成，通常呈淡灰至深灰色，由10%软块和90%软粒构成。该物质通常潮湿，但触摸并无湿感，含水量可达25%。

用途：黏土主要用作造陶瓷、制水泥，此外在工业、模型制造和艺术中用来制造模型等。

装载：其积载因数为0.66～1.34 m^3/t，最大颗粒为150 mm，组别C，按IMSBC规则第4和5节的相关规定进行平舱。该货物应尽实际可能保持干燥，不得在降水期间装卸，应尽实际可能使该货物少含水分，以防止货物变黏并变得极难装卸。

现场检查注意事项：无。

图片：

8.6.3 砂 JT088 减半征收

砂包含铸造用砂、石英砂、硅砂、钾长石砂、钠长石砂等。

描述：Sand，砂是各类原石经破碎加工而成的细颗粒，为非金属矿物质，是一种坚硬、耐磨、化学性能稳定的硅酸盐或非金属矿物，颜色为乳白色、青色或无色半透明状，硬度7。砂是重要的工业矿物原料，非化学危险品。

用途：砂用于玻璃、铸造、陶瓷及耐火材料、冶炼硅铁、冶金熔剂、冶金、建筑、化工、塑料、橡胶、磨料等工业。

装载：其积载因数为0.5 ~0.98 m^3/t，颗粒大小为0.1 ~5 mm，组别C，按IMSBC规则第4和5节的相关规定进行平舱。硅砂颗粒易随空气流动和吸入，吸入硅砂粉尘能导致呼吸系统疾病。工业用砂可能涂有树脂，受热(55 ~60 ℃)会结块。该货物失火风险低或为不燃物。

现场检查注意事项：(1)装载过程中应采取相应预防措施保护机器处所和起居处所不受货物粉尘的影响；(2)应充分考虑到保护设备不受货物粉尘的影响；(3)货物处所的舱底污水井应受到保护不让货物进入；(4)可能暴露于货物粉尘的人员应戴护目镜或其他等效的防尘护目用具和粉尘过滤面罩，必要时应穿防护服。

图片：

8.6.4 石英 JT088 减半征收

描述：Quartz，是一种物理性质和化学性质均十分稳定的矿产资源，晶体属三方晶系的氧化物矿物，呈晶体块状。

用途：石英用于玻璃、铸造、陶瓷及耐火材料、冶炼硅铁、冶金熔剂、冶金、建筑、化工、塑料、橡胶、磨料等工业。

装载：其积载因数为 0.60 m^3/t，块状大小为 50～300 mm，组别 C，按 IMSBC 规则第 4 和 5 节的相关规定进行平舱。

现场检查注意事项：无。

图片：

8.6.5 石英岩 JT088 减半征收

描述：Quartzite，是一种坚实的颗粒状变质砂岩，含有石英，呈白色、红色、褐色或灰色，大小不一，有大的岩石也有卵石，装运时的大小也可为半碎状并分级。

用途：石英岩是用于制作石英砂的原材料，也用于建筑领域。

装载：其积载因数为 0.64 m^3/t，颗粒大小为 10～200 mm，组别 C，按 IMSBC 规则第 4 和 5 节的相关规定进行平舱。

现场检查注意事项：(1)应采取相应预防措施保护机器处所和

起居处所不受货物粉尘的影响;(2)应充分考虑到保护设备不受货物粉尘的影响;(3)货物处所的舱底污水井应受到保护不让货物进入;(4)可能暴露于货物粉尘的人员应戴护目镜或其他等效的防尘护目用具和粉尘过滤面罩,必要时应穿防护服。

图片:

8.6.6 盐岩 JT088 减半征收

描述: Salt rock,白色矿物岩,盐岩主要由钠和氧化物构成。

用途: 盐岩产品主要包括水晶盐灯、天然盐岩砖等。水晶盐块受热后,可释放出负离子,在净化空气的同时,有效激活人体内的多种酶,调降血糖、血压和胆固醇,改善微循环,促进新陈代谢,增强免疫力。

装载: 其积载因数为 0.98 ~ 1.06 m^3/t,小颗粒,组别 C,按 IMSBC规则第 4 和 5 节的相关规定进行平舱。

图片:

8.7 其他未列名非金属矿石 JT089

8.7.1 珍珠岩 JT089 正常征收

描述: Perlite rock,是一种火山喷发的酸性熔岩,经急剧冷却而成的玻璃质岩石,因其具有珍珠裂隙结构而得名,黏土状,多粉尘,淡灰色,无嗅,含水量为0.5% ~1%。

用途: 其广泛应用于多工业部门,可用于橡塑制品、颜料、油漆、油墨、合成玻璃、隔热胶木及一些机械构件和设备中作填充料。

装载: 其积载因数为0.98 ~1.06 m^3/t,组别C,按IMSBC规则第4和5节的相关规定进行平舱。

现场检查注意事项: (1)注意粉尘对机器处所、起居处所、设备及人员的影响;(2)可能暴露于货物粉尘的人员必要时应穿戴防护服、护目镜或其他等效的防尘护目用具和过滤面罩。

图片:

8.7.2 铝土矿 JT089 正常征收

描述: Bauxite,又称铝钒土、铝矾土或矾土,是一种含有杂质的水合氧化铝棕黄色黏土状矿物，不透明，质脆，极难熔化，不溶于水，能溶于硫酸、氢氧化钠溶液，含水量为 0 ~ 10% 。

用途： 铝土矿在铝工业中用来提炼金属铝，用作耐火材料和研磨材料以及高铝水泥原料等。

装载： 其积载因数为 0.72 ~ 0.84 m^3/t，70% ~ 90% 团块大小为 2.5 ~ 500 mm，10% ~ 30% 粉末，组别 C，按 IMSBC 规则第 4 和 5 节的相关规定进行平舱。舱底污水井应保持清洁、干燥并适当遮盖以防货物进入。

现场检查注意事项： 无。

图片：

8.7.3 钒矿 JT089 正常征收

描述： Vanadium ore，为无色、白色晶体，硫酸铝钾混合物。

用途： 钒矿用来制作明矾等化学材料。

装载： 其积载因数为 0.56 m^3/t，组别 B，类别 MHB，同食品隔离，按第 6.1 类物质隔离，按 IMSBC 规则第 4 和 5 节的相关规定进行平舱。

现场检查注意事项： (1) 其粉尘可能有毒，对人体有害，宜尽量减少人员在粉尘中的暴露；(2) 应采取相应预防措施保护机器处所和起居处所不受货物粉尘的影响；(3) 货物处所的舱底污水井应受到保护不让货物进入；(4) 应充分考虑到保护设备不受货物粉尘的影响；(5) 船上应有自给式呼吸器；(6) 与该类货对应消防灭火系统的有效性。

图片：

8.7.4 耐火黏土 JT089 正常征收

描述： Chamotte，是指经焙烧的、耐火度大于 1 580 ℃的、可作为耐火材料的黏土和用作耐火材料的铝土矿，呈灰色，以细碎石形态装运，多粉尘。

用途： 耐火黏土主要用于锌的冶炼及耐火砖制造的原料，在建材、研磨、化工、陶瓷工业和农业上等方面也有重要的用途。

装载： 其积载因数为 1.50 m^3/t，最大颗粒为 10 mm，组别 C，按 IMSBC 规则第 4 和 5 节的相关规定进行平舱。

现场检查注意事项：（1）注意粉尘对机器处所、起居处所、设备及人员的影响；（2）可能暴露于货物粉尘的人员应戴护目镜或其他等效的防尘护目用具和粉尘过滤面罩，必要时应穿防护服。

图片：

8.7.5 矾土 JT089 正常征收

描述： Alumina，是一种氧化铝矿石，常因含有氧化铁而呈黄至红色，故又称铁矾土，是一种含有极少水分或无水分的白色无味细粉末，不溶于有机液体，不溶于水，含水量为 0 ~ 5%。如受潮，矾土不可泵送。

用途： 其为炼铝的主要原料。

装载： 其积载因数为 0.92 ~ 1.28 m^3/t，细粉末，组别 C，按 IMSBC规则第 4 和 5 节的相关规定进行平舱。该货物应尽实际可能保持干燥，不得在降水期间装卸。

现场检查注意事项： (1) 矾土粉末具有很强的研磨性和穿透性，刺激眼睛和黏膜；(2) 注意粉尘对机器处所、起居处所、设备及人员的影响；(3) 可能暴露于货物粉尘的人员应戴护目镜或其他等效的防尘护目用具和粉尘过滤面罩，必要时应穿防护服。

图片：

8.7.6 矾土(经焙烧的) JT089 正常征收

描述： Alumina，calcined，颜色由浅至深灰，不含水分，该货物不溶于水。

用途：其广泛应用于如电子设备、结构陶瓷、耐火材料、耐磨材料、抛光材料等行业。

装载：其积载因数为0.61 m^3/t,小颗粒和块,组别C,按IMSBC规则第4和5节的相关规定进行平舱。该货物应尽实际可能保持干燥,不得在降水期间装卸。

现场检查注意事项：(1)注意粉尘对机器处所、起居处所、设备及人员的影响;(2)可能暴露于货物粉尘的人员必要时应穿戴防护服、护目镜或其他等效的防尘护目用具和粉尘过滤面罩。

图片：

8.7.7 硼砂(五水合物原矿)JT089 正常征收

描述：Borax(pentahydrate crude),又称四硼酸钠,是一种硼酸和碳酸钠的化合物,为自由流动粉末或颗粒,灰色,多粉尘。

用途：硼砂主要用于玻璃、搪瓷行业和制取其他硼化合物。此外,其在有色金属的焊接剂、珠宝的黏结剂、印染、洗涤(丝和毛织品等)、金的精制、化妆品、农药、肥料、硼砂皂、防腐剂、防冻剂和医学用消毒剂等方面也有广泛的应用。

装载：其积载因数为0.92 m^3/t,最大颗粒为2.36 mm,组别C,按IMSBC规则第4和5节的相关规定进行平舱。该货物应尽实际可能能保持干燥,不得在降水期间装卸。卸货时,如该货物已硬化,必要时应平舱以避免形成悬垂块片。

现场检查注意事项:(1)注意粉尘对机器处所、起居处所、设备及人员的影响;(2)可能暴露于货物粉尘的人员必要时应穿戴防护服、护目镜或其他等效的防尘护目用具和过滤面罩。

图片:

8.7.8 无水硼砂(原矿)JT089 正常征收及(经提纯的)JT1331 正常征收

描述: Borax anhydrous(crude or refined),原矿一般为黄白色,高度提炼后呈白色晶体状,多粉尘并吸湿。

用途: 在冶金上,其用作炼铸、金属熔块、耐热及优质玻璃、光学玻璃制造;在搪瓷工业,其用作釉药,涂于金属表面;其还可用作合金的助熔剂。

装载: 其静止角为35°,非黏性,积载因数为0.78 m^3/t,粒径小于1.4 mm,组别C,按IMSBC规则第4和5节的相关规定进行平舱。卸货时,如该货物已硬化,必要时应平舱以避免形成悬垂块片。

现场检查注意事项:(1)粉尘的腐蚀性和刺激性很强,但吸入后无毒害,注意粉尘对机器处所、起居处所、设备及人员的影响;(2)可能暴露于货物粉尘的人员必要时应穿戴防护服、护目镜或其他等效的防尘护目用具和过滤面罩。

图片：

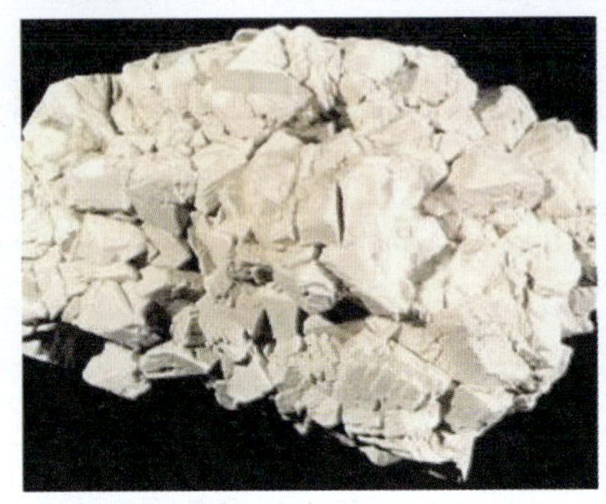 

8.7.9 斜方硼砂（无水的）JT089 正常征收

描述： Rasorite（anhydrous），又称贫水硼砂，一种颗粒状黄白色晶体硼酸盐物质，粉尘极少或无粉尘，有磨蚀性，吸湿。

用途： 斜方硼砂用于制作工业用或医用硼砂。

装载： 其积载因数为 0.67～0.78 m^3/t，颗粒小于 2.36 mm，组别 C，按 IMSBC 规则第 4 和 5 节的相关规定进行平舱。该货物易吸湿结块，装载避免其受潮。

现场检查注意事项： 无。

图片：

8.7.10 硬硼酸钙石 JT089 正常征收

描述： Colemanite，是一种天然水合式的钙硼酸盐矿物，是由硼钠解石和硼砂形成的，细粉至块状，淡灰色，类似黏土，透明到半透明不等，有玻璃光泽，含水量约7%。

用途： 硬硼酸钙石是工业上硼酸盐和硼酸的重要原料。

装载： 其积载因数为0.61 m^3/t，最大300 mm，组别C，按IMSBC规则第4和5节的相关规定进行平舱。

现场检查注意事项： 无。

图片：

8.7.11 浮石 JT089 正常征收

描述： Pumice，浮石又称轻石或浮岩，容重小(0.3～0.4)，是一种多孔、轻质的玻璃质酸性火山喷出岩，其成分相当于流纹岩。此处的浮岩是由于熔融的岩浆随火山喷发冷凝而成的密集气孔的玻璃质熔岩，其气孔体积占岩石体积的50%以上。

用途： 浮石不仅可以广泛用于建筑、园林、纺织业、制衣厂、服装及牛仔服装洗水厂、洗漂厂、染整厂等行业，还是护肤、护足的佳品，可以有效地去除皮肤上残留的角质层。

装载： 其积载因数为 1.90 ~ 3.25 m^3/t，粉末至团块，组别 C，按 IMSBC 规则第 4 和 5 节的相关规定进行平舱。

现场检查注意事项： 无。

图片：

8.7.12 芒硝 JT089 正常征收

描述： Salt cake，非纯净的硫酸钠，呈白色。

用途： 芒硝用于制作医用芒硝和工业提炼硫酸钠等。

装载： 其积载因数为 0.89 ~ 0.95 m^3/t，10 ~ 200 mm 大小，组别 C，按 IMSBC 规则第 4 和 5 节的相关规定进行平舱。

现场检查注意事项： 无。

图片：

8.7.13 滑石 JT089 正常征收

描述： Talc，滑石是一种极为柔软、发白、绿色或浅灰色天然水合硅酸镁，有一种独特的滑腻或滑溜感。

用途： 其主要用作耐火材料、造纸、橡胶的填料、农药吸收剂、皮革涂料、化妆材料、医用及雕刻用料，等等。

装载： 其积载因数为 0.64 ~ 0.73 m^3/t，组别 C，按 IMSBC 规则第 4 和 5 节的相关规定进行平舱。

现场检查注意事项： 无。

图片：

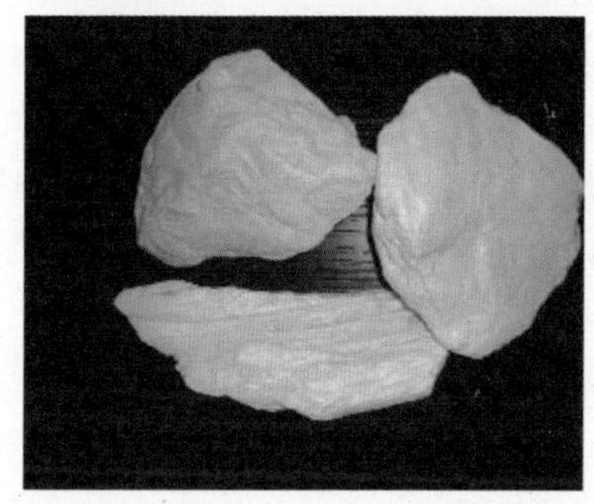

8.7.14 长石 JT089 正常征收

描述： Feldspar lump，是长石族矿物的总称，它是一类常见的含钙、钠和钾的铝硅酸盐类造岩的晶体状矿物，由硅酸铝、硅酸钠、硅酸钾和硅酸钡构成，呈白色或淡红色。

用途： 富含钾或钠的长石主要用于陶瓷工业、玻璃工业及搪瓷工业；含有铷和铯等稀有元素的长石可作为提取这些元素的矿物原料；色泽美丽的长石可作为装饰石料和次等宝石。

装载： 其积载因数为 0.6 m^3/t，颗粒大小为 0.1 ~ 300 mm，组别

C，按 IMSBC 规则第 4 和 5 节的相关规定进行平舱。

现场检查注意事项：无。

图片：

8.7.15 氟石 JT089 正常征收

描述：Fluorspar，又称萤石、软水晶、七彩宝石、彩虹宝石、梦幻石等，是一种常见的卤化物矿物。其主要成分是氟化钙（CaF_2），含杂质较多，是提取氟的重要矿物。氟石有很多种颜色，如黄色、绿色或紫色晶体，也可能是透明无色的，粗粉末。氟石在紫外线或阴极射线照射下常发出蓝绿色荧光，萤石的名字由此而来。

用途：透明无色的萤石可以用来制作特殊的光学透镜。在冶金工业上，其作为炼钢、铝生产用的熔剂以及制造乳白玻璃、搪瓷制品、高辛烷值燃油生产中的催化剂，在化学工业上是制造氢氟酸的原料等。

装载：干氟石积载因数为 0.56～0.70 m^3/t，湿氟石积载因数为 0.47～0.56 m^3/t，类别 MHB，组别 A 和 B，与食品和所有第 8 类物质（包装货物和固体散装物质）隔离，按 IMSBC 规则第 4 和 5 节的相关规定进行平舱。如果货物不是在专门建造或配备符合 IMSBC 规则 7.3.2 要求的船舶中运输，须遵守：(1)航行期间须将货物的含水量保持在适运水分极限以下；(2)除非是在本明细表中有明确规定，不得在降水期间装卸；(3)除非是在本明细表中有明确规定，在货物装卸期间，须关闭装载或拟装载该货物的处所的不在使用中的所有舱盖;(4)如果货物的实际含水量小于适运水分极限,足以使实际含量不会由于降水而可能超过适运水分极限,则可在降水期间装卸;(5)如果货物处所的全部货物将在一港口卸完,可以在降水中卸下货物处所中的货物等规则。

现场检查注意事项:(1)该物质如装运时含水量超过适运输水分极限,可能流态化;(2)吸入粉尘后有害并有刺激性;(3)注意粉尘对机器处所、起居处所、设备及人员的影响;(4)可能暴露于货物粉尘的人员应戴护目镜或其他等效的防尘护目用具和粉尘过滤面罩,必要时应穿防护服。

图片:

8.7.16 霞石正长岩(矿石)(精矿)JT089 正常征收

描述: Nepheline-syenite(mineral)(concentrate),是一种深层碱性岩,主要由碱性长石(65% ~70%)、霞石(15% ~25%)和碱性暗色矿物(10% ~15%)组成,具似花岗结构,灰、浅绿、浅黄褐色,中粗粒。

用途:其是生产玻璃、陶瓷的良好配料,是塑料、颜料和油漆、橡胶的填料。利用其含铝、钾、钠高,可综合利用作生产铝氧、钾碱、钠碱和水泥原料。

装载:见铁精矿。

现场检查注意事项:无。

图片：

8.7.17 冰晶石 JT089 正常征收

描述： Cryolite，又称六氟铝酸钠、氟化铝钠，是一种含钠和铝的氟化物矿物，呈灰色球团状。

用途： 冰晶石用于制铝和用作陶瓷的釉面。

装载： 其积载因数为 0.70 m^3/t，颗粒大小为 6.4 ~ 12.7 mm，组别 C，按 IMSBC 规则第 4 和 5 节的相关规定进行平舱。

现场检查注意事项： (1) 长时间接触可能严重伤害皮肤和神经系统；(2) 注意粉尘对机器处所、起居处所、设备及人员的影响；(3) 可能暴露于货物粉尘的人员应戴护目镜或其他等效的防尘护目用具和粉尘过滤面罩，必要时应穿防护服。

图片：

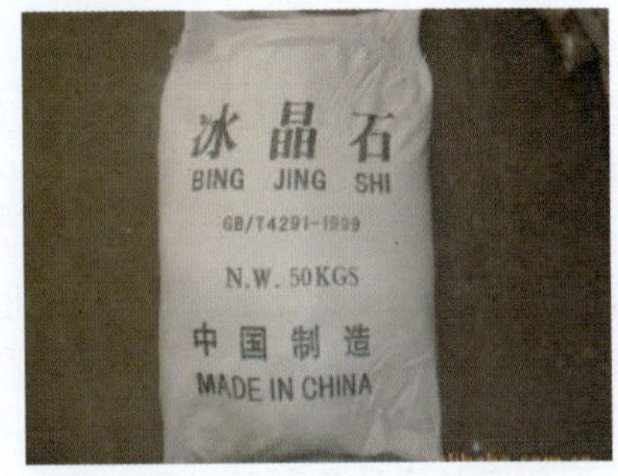

8.7.18 叶蜡石 JT089 正常征收

描述：Pyrophyllite，黏土矿物的一种，属结晶结构为 2∶1 型的层状含水铝硅酸盐矿物，白垩色。其质地细腻，硬度低。

用途：叶蜡石主要用作耐火材料、陶瓷材料以及雕刻原料，其次用于橡胶制品、化妆用品、农药等的填料和载体。其新用途是作为涂料，也是制作壁板的良好原材料，可以用作制白水泥的原料。

装载：其积载因数为 0.50 m^3/t，团块至微粒，组别 C，按规则第 4 和 5 节的相关规定进行平舱。

现场检查注意事项：(1)应采取相应预防措施保护机器处所和起居处所不受货物粉尘的影响；(2)货物处所的舱底污水井应受到保护不让货物进入；(3)应充分考虑到保护设备不受货物粉尘的影响；(4)可能暴露于货物粉尘的人员必要时应穿戴防护服、护目镜或其他等效的防尘护目用具和过滤面罩。

图片：

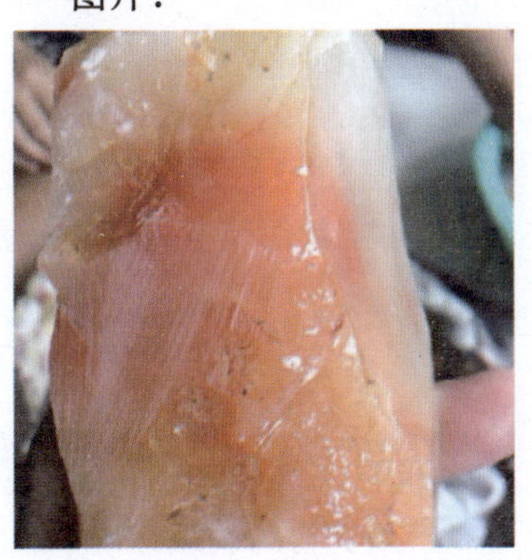

9 肥料及农药

JT09

9.1 化肥

JT091 减半征收

9.1.1 氯化钾 JT091 减半征收

描述： Potassium chloride，呈棕色、粉红色或白色，即红钾、白钾，结晶小颗粒粉末，外观如同食盐，无味，溶于水，吸湿。

用途： 氯化钾主要用于无机工业，是制造各种钾盐或碱如氢氧化钾、硫酸钾、硝酸钾、氯酸钾、红矾钾等的基本原料。医药工业中，其作利尿剂及防治缺钾症的药物；染料工业中，其用于生产 G 盐、活性染料等；农业上，其则是一种钾肥。

装载： 其静止角为 30° ~47°，非黏性，其积载因数为 0.81 ~1.12 m^3/t，小于 4 mm，组别 C，按 IMSBC 规则第 4 和 5 节的相关规定进行平舱。该货物应尽实际可能保持干燥，不得在降水期间装卸。在航行期间，不得对载运该货的货物处所通风。该货物的装载完成后，必要时应将货物处所的舱口密封以防进水。卸货时，如该货物已硬化，必要时应平舱以避免形成悬垂块片。

现场检查注意事项： 该货物虽归入无危害类别，但潮湿时可能造成严重的腐蚀。

图片：

9.1.2 磷酸二铵(D. A. P.)JT091 减半征收

描述： Diammonium phosphate，也称作磷酸氢二铵、磷酸氢铵，是用氨中和磷酸，化合后的料浆经造粒、干燥、筛分而制成，是含氮磷两种营养成分的复合肥，溶于水，无嗅白色晶体或粉末，吸湿。视来源而定，其可能多粉尘。

用途： 磷酸二铵是一种高浓度的速效肥料，适用于各种作物和土壤，特别适于喜氮需磷的作物，作基肥或追肥均可，还用作添加型阻燃剂。

装载： 其静止角为 30° ~ 40°，非黏性，积载因数为 1.10 ~ 1.20 m^3/t，直径 2.54 mm，组别 C，按 IMSBC 规则第 4 和 5 节的相关规定进行平舱。该货物应尽实际可能保持干燥，不得在降水期间装卸。在航行期间，不得对载运该货的货物处所通风。载运该货的货物处所的冷凝情况、该货物的回潮和水从舱口盖进入货物处所的情况，应在航行期间定期检查。应充分注意货物处所舱口的密封状况。卸货时如该货物已硬化，必要时应平舱以避免形成悬垂块片。

现场检查注意事项： (1)注意粉尘对机器处所、起居处所、设备及人员的影响；(2)可能暴露于货物粉尘的人员应戴护目镜或其他等效的防尘护目用具和粉尘过滤面罩，必要时应穿防护服。

图片：

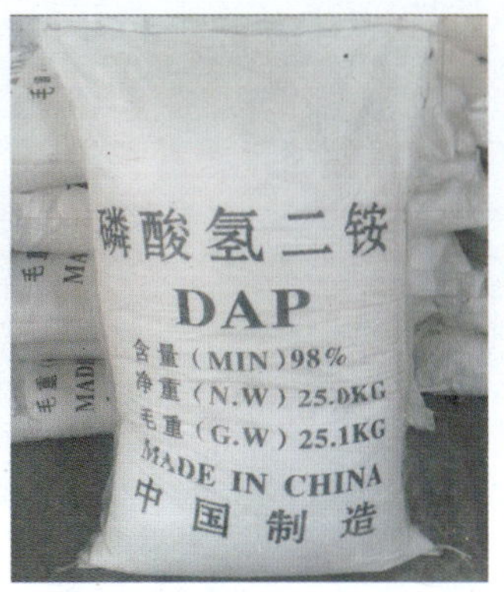

9.1.3 磷酸一铵（M. A. P.）JT091 减半征收

描述： Monoammonium phosphate（M. A. P.），又称为磷酸二氢铵，加热会分解成偏磷酸铵，可用氨水和磷酸反应制成，无嗅，呈灰褐色颗粒状，能产生极多粉尘，吸湿。

用途： 磷酸一铵主要用作肥料和木材、纸张、织物的防火剂，也用于制药和反刍动物饲料添加剂。

装载： 其积载因数为 1.0 ~ 1.21 m^3/t，组别 C，按 IMSBC 规则第 4 和 5 节的相关规定进行平舱。该货物应尽实际可能保持干燥，不得在降水期间装卸。在航行期间，不得对载运该货的货物处所通风。载运该货的货物处所的冷凝情况、该货物的回潮和水从舱口盖进入货物处所的情况，应在航行期间定期检查。应充分注意货物处所舱口的密封状况。卸货时，如该货物已硬化，必要时应平舱以避免形成悬垂块片。

现场检查注意事项：（1）可能暴露于货物粉尘的人员必要时应穿戴防护服、护目镜或其他等效的防尘护目用具和过滤面罩；（2）散装磷酸一铵的 pH 值为 4.5，含有水分时能产生极强的腐蚀作用；（3）该货物吸湿，受潮会结块；（4）该货物会使遮盖舱底污水井的粗麻布或帆布腐烂;(5)长期连续载运该货物可能对结构有破坏作用。

图片:

9.1.4 过磷酸钙 JT091 减半征收

描述: Calcium superphosphate(CSP),又称普通过磷酸钙,简称普钙,是用硫酸分解磷矿直接制得的磷肥,主要有用组分是磷酸二氢钙的水合物 $Ca(H_2PO_4)_2 \cdot H_2O$ 和少量游离的磷酸,还含有无水硫酸钙组分(对缺硫土壤有用),灰色或灰白色粉料(或颗粒)。

用途: 过磷酸钙主要用作农作物的追肥、基肥或种肥。

图片:

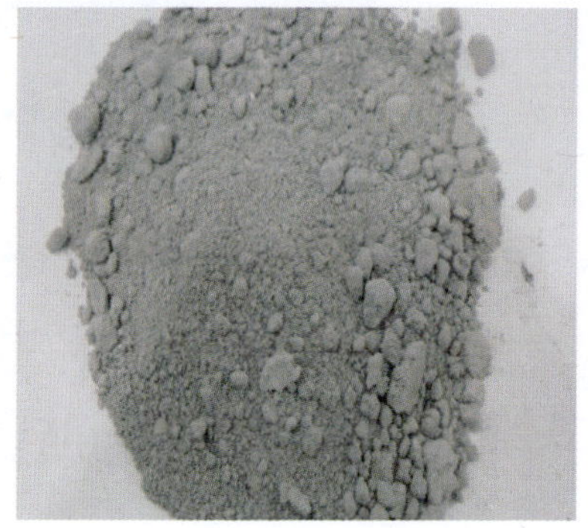

9.1.5 重过磷酸钙 JT091 减半征收

描述： Triple Superphosphate(TSP)，又称重钙、三料过磷酸钙、三料钙，小粒状固体，微酸性，外观呈灰色或暗褐色。

用途： 重过磷酸钙是适用于各种土壤和作物的肥料，可作为基肥、追肥和复合(混)肥原料，广泛适用于水稻、小麦、玉米、高粱、棉花、瓜果、蔬菜等各种粮食作物和经济作物，还用于玻璃制造、塑料稳定剂、牲畜辅助饲料等。

图片：

9.1.6 富过磷酸钙 JT091 减半征收

描述： Calcium double superphosphate(CDSP)，是利用硫酸、磷酸或废酸按一定比例配制成一定浓度的混酸分解磷矿制得，主要成分是磷酸二氢钙和无水硫酸钙。

用途： 其主要用于农作物追肥，也可作为复合肥生产的基料。

图片：

9.1.7 钙镁磷肥 JT091 减半征收

描述： Fused calcium-magnesium phosphate (fertilizer)，钙镁磷肥又称熔融含镁磷肥，它是磷矿石与含镁、硅的矿石，在高炉或电炉中经过高温熔融、水淬、干燥和磨细而成，为灰绿色或灰棕色粉末，含磷量为8% ~14%，主要成分是能溶于柠檬酸的 α-$Ca_3(PO_4)_2$，还含有镁和少量硅等元素。

用途： 它是一种多元素肥料，水溶液呈碱性，可改良酸性土壤，培育大苗时作为底肥效果很好，植物能够缓慢吸收所需养分。

图片：

9.1.8 复合肥 JT091 减半征收

描述： Compound fertilizer，复合肥是指氮、磷、钾三种养分中，至少有两种养分表明量且仅由化学方法制成的肥料，是复混肥料的一种。

用途： 复合肥用于农业耕种。

图片：

9.1.9 硝酸铵 UN 1942 JT091 减半征收

硝酸铵中的可燃物质含量总计不超过0.2%，包括任何以碳计算的有机物质，任何其他附加物质不计在内。

描述： Ammonium nitrate，是利用硝酸磷肥生产过程的副产四水硝酸钙为原料，与碳酸铵溶液进行反应，生成硝酸铵和碳酸钙沉淀，无色无嗅的透明结晶或呈白色的结晶、丸粒或颗粒，易溶于水，易吸湿结块，助燃，为铵盐的一种，受热易分解，遇碱分解。

用途： 其主要用作肥料及工业用和军用炸药，并可用于杀虫剂、冷冻剂、氧化氮吸收剂，还可以用来制造笑气、烟火等。

装载： 其静止角为27°～42°，非黏性，其积载因数为 1.0 m^3/t，颗粒大小为1～4mm，类别 5.1，组别 B。其须与热源或火源隔离；与易可燃物质(特别是液体)、氯酸盐、氯化物、亚氯酸盐、次氯酸盐、亚硝酸盐、高锰酸盐和纤维物质(例如棉花、黄麻、剑麻等)用整个舱室或货舱隔离;与其他所有货物隔离。如货物处所和机舱之间的舱壁未达到 A-60 级隔热标准,该货物应远离该舱壁积载。其必须按 IMSBC 规则第 4 和 5 节的相关规定进行平舱。该货物应尽实际可能保持干燥,不得在降水期间装卸。该货物不得载于燃油舱相邻的货物处所中,除非燃油舱在整个航次中都不进行加热操作。该货物应在主管机关基于防爆试验对该物质的防爆性能满意时,方可接受装载。

装载前,应符合:(1)当该货物温度高于 40 ℃时,不得接受货物装载等规定;(2)托运人应向船长提供一份由托运人签署的证书,说明已符合 IMSBC 规则(包括本细目)所要求的该货物所有相关条件;(3)用以运输该货物的货物处所下方的燃油舱应进行压力试验,确保通往燃油舱的人孔和管系无泄漏;(4)该货所用货物处所内的所有电器设备,除经认可的本质安全型电气设备外,应通过适宜方式(保险丝除外)在该处所外部的位置切断电源,货物在船上期间均应保持这种状态;(5)应充分考虑到有可能需要在发生火灾时打开舱口以提供最大通风量和在紧急情况下施水,以及货物流体化给船舶稳性造成的风险。

装载期间,应符合:(1)货物在船上期间,甲板上和货物处所内应不准吸烟,并应张贴"严禁吸烟"标志;(2)应不准加装燃油,除机舱外,应不准在该货所用货物处所的相邻处所泵送燃油;(3)在合理可行范围内不得使用可燃的系固和保护材料,如有必要使用木质货垫,应尽量少用。

该货物应在主管机关基于防爆试验对该物质的防爆性能满意时,方可接受装载。装载前,托运人应向船长提供一份证书,说明该物质的防爆性能符合本要求。船长和高级船员应注意,固定式气体灭火系统对涉及该货物的火灾无效并可能有必要施水。在该货物装卸期间,应保持消防总管的消防压力,并铺好或备好消防软管供随时立即使用。不得在装有该货的货物处所附近焊接、燃烧、切割或进行其他使用火、明火、发出火花或电弧设备的作业，紧急情况除外。应采取预防措施避免该货物渗入其他货物处所、舱底污水井和其他封闭处所。只要该货物在船上，甲板上和货物处所内应不准吸烟，并应在甲板上张贴"严禁吸烟"标志。只要该物质在船上，货物处所的舱口应保持在紧急情况下能自由打开的状态。当货物处所和机舱之间的舱壁未达到 A-60 级隔热标准时，不得接受该货物装载，除非主管当局认可其布置等效。

在航行期间，不得对载运该货的货物处所通风。载运该货物的货物处所的舱口应为风雨密，以防进水。如该货物已硬化，必要时应平舱以避免形成悬垂块片。应不准加装或泵送燃油。

现场检查注意事项：(1)硝酸铵属于氧化剂、助燃物；(2)如果该货物受到污染(例如被燃油污染)或处于严密封闭状态，则其载运船舶在发生重大火灾时可能有爆炸的风险，邻近的引爆也可能有引起爆炸的风险；(3)如遇到强热，会发生分解，放出有毒气体和助燃气体；(4)硝酸铵粉尘可能会刺激眼睛和黏膜；(5)应充分考虑到保护设备不受货物粉尘的影响；(6)注意粉尘对机器处所、起居处所的影响；(7)可能暴露于货物粉尘的人员应戴护目镜或其他等效的防尘护目用具和粉尘过滤面罩，必要时应穿防护服；(8)应携带防护服(靴子、手套、工作服和安全帽)、自给式呼吸器专用应急设备；(9)货物处所的舱底污水井应受到保护不让货物进入。火灾应急时，装有这种物质的货物处所着火，打开舱口以提供最大通风量；船舶的固定式气体灭火系统不够用时，应使用大量的水，可考虑向货物处所灌水，但宜充分考虑到稳性；相邻货物处所着火时，打开舱口以提供最大通风量，因为相邻处所着火传来的热量会引起该物质分解并随之释放有毒烟气；分隔舱壁宜加以冷却。

图片：

9.1.10 硝酸铵基化肥 UN 2067 JT091 减半征收

UN 2067 类硝酸铵基化肥为均匀混合物，硝酸铵为其主要成分，其组分限度如下：

(1)硝酸铵含量不少于 90%，以碳计算的可燃/有机物质含量总计不多于 0.2%，附加物质(如有)为无机物并对硝酸铵呈惰性；或

(2)硝酸铵含量少于 90% 但多于 70% 并含有其他无机物质，或硝酸铵含量多于 80% 但少于 90% 并混有碳酸钙和/或白云岩以及含量总计不多于 0.4% 的以碳计算的可燃/有机物质；或

(3)含有硝酸铵和硫酸铵混合物的硝酸铵基化肥，其硝酸铵含量多于 45% 但少于 70%，以碳计算的可燃有机物质含量总计不多于 0.4%，从而使硝酸铵和硫酸铵成分的百分比之和超过 70%。

描述： Ammonium nitrate based fertilizer，晶体、颗粒或丸粒，全部或部分溶于水，吸湿，助燃。

用途： 其主要用作农作物的肥料。

装载： 其静止角为 27° ~ 42°，非黏性，积载因数为 0.83 ~ 1.11 m^3/t，颗粒大小为 1 ~ 5 mm，类别 5.1，组别 B，与可燃物质(特别是液体)、溴酸盐、氯酸盐、亚氯酸盐、次氯酸盐、亚硝酸盐、高氯酸盐、高锰酸盐、粉末金属和植物纤维(例如棉花、黄麻、剑麻等)用整个舱

室或货舱隔离，与其他所有货物隔离，与热源或火源隔离，不得在与任何装有加热至 50 ℃以上燃油的液舱或双层底舱直接相邻处积载。如货物处所和机舱之间的舱壁未达到 A-60 级隔热标准，该货物应远离该舱壁积载。该货物应尽实际可能保持干燥，不得在降水期间装卸。按 IMSBC 规则第 4 和 5 节的相关规定进行平舱。

装载前，应符合：(1)当该货物温度高于 40 ℃时，不得接受货物装载等规定；(2)装载前，托运人应向船长提供一份由托运人签署的证书，说明已符合 IMSBC 规则(包括本细目)所要求的该货物所有相关条件；(3)用以运输该货物的货物处所下方的燃油舱应进行压力试验，确保通往燃油舱的人孔和管系无泄漏；(4)该货物所用货物处所内的所有电器设备，除经认可的本质安全型电气设备外，应通过适宜方式(保险丝除外)在该处所外部的位置切断电源，货物在船上期间均应保持这种状态；(5)应充分考虑到有可能需要在发生火灾时打开舱口以提供最大通风量和在紧急情况下施水，以及货物流体化给船舶稳性造成的风险等规定。

装载期间，应符合：(1)不准加装燃油，除机舱外，应不准在该货所用货物处所的相邻处所泵送燃油；(2)在合理可行范围内不得使用可燃的系固和保护材料，如有必要使用木质货垫，但应尽量少用等规定。

卸货时，应不准加装或泵送燃油。如该货物已硬化，必要时应平舱以避免形成悬垂块片。

该货物应在主管机关基于防爆试验对该物质的防爆性能满意时，方可接受装载。装载前，托运人应向船长提供一份证书，说明该物质的防爆性能符合本要求。在该货物装卸期间，应保持消防总管的消防压力，并铺好或备好消防软管供随时立即使用。不得在装有该货的货物处所附近焊接、燃烧、切割或进行其他使用火、明火、发出火花或电弧设备的作业，紧急情况除外。只要该货物在船上，甲板上和货物处所内应不准吸烟，并应在甲板上张贴“严禁吸烟”标志。应采取预防措施避免该货物渗入其他货物处所、舱底污水井和其他封闭处所。只要该物质在船上，货物处所的舱口应保持在紧急情况下能自由打开的状态。应采取相应预防措施保护机器处所和起居处所不受货物粉尘的影响。货物处所的舱底污水井应受到保护不让货物进入。在航行期间，不得对载运该货的货物处所通风。载运该货物的货物处所的舱口应为风雨密，以防进水。在航行期间，应每天监测并记录该货物温度，以发现导致自热和缺氧的分解现象。

现场检查注意事项：(1)这些物质如受到污染(例如被燃油污染)或处于严密封闭状态，则其载运船舶在发生重大火灾时可能有爆炸的风险，邻近的引爆可能有引起爆炸的风险；(2)如遇到强热，会发生分解，货物处所内和甲板上有出现有毒且助燃的烟气和气体的风险；(3)化肥粉尘可能会刺激皮肤和黏膜；(4)应充分考虑到保护设备不受货物粉尘的影响；(5)注意粉尘对机器处所、起居处所的影响；(6)可能暴露于货物粉尘的人员应戴护目镜或其他等效的防尘护目用具和粉尘过滤面罩，必要时应穿防护服；(7)应携带防护服(靴子、手套、工作服和安全帽)、自给式呼吸器专用应急设备。火灾应急时，如果装有这种物质的货物处所着火，首先打开舱口以提供最大通风量。船舶的固定式灭火装置不够用时，应使用大量的水，可考虑向货物处所灌水，但宜充分考虑到稳性。相邻货物处所着火时，打开舱口以提供最大通风量，因为相邻处所着火传来的热量会引起该物质分解并随之释放有毒烟气。分隔舱壁宜加以冷却。

图片：

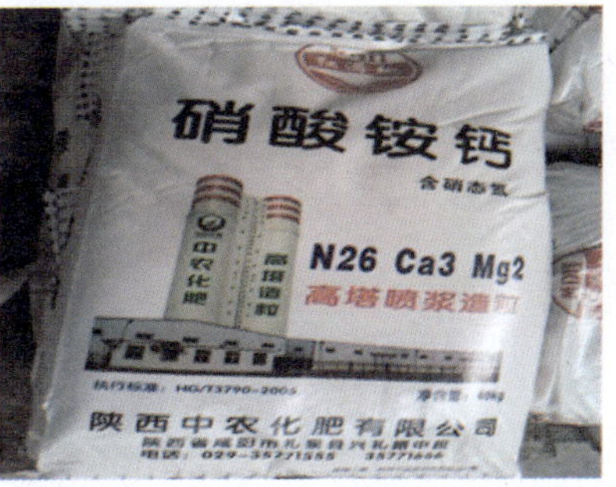

9.1.11 硝酸铵基化肥 UN 2071 JT091 减半征收

UN 2071 类的硝酸铵基化肥为硝酸铵基化肥与氮、磷酸盐或钾碱的均匀混合物,其中硝酸铵含量不多于70%,以碳计算的可燃有机物质含量总计不多于0.4%,或硝酸铵含量不多于45%,可燃物质含量不受限制。

描述:Ammonium nitrate based fertilizer,通常为颗粒,全部或部分溶于水,吸湿。

用途:其主要用作农作物的肥料。

装载:其静止角为27°~42°,非黏性,积载因数为0.83~1.11 m^3/t,颗粒大小为1~5 mm,类别5.1,组别B。具体内容可见硝酸铵基化肥 UN 2067。

现场检查注意事项:见硝酸铵基化肥 UN 2067。

图片:见硝酸铵基化肥 UN 2067。

9.1.12 硝酸铵基化肥(无危险性的)JT091 减半征收

在本细目所述状况下运输的硝酸铵基化肥为均匀混合物,硝酸铵为其主要成分,其组分限度如下:

(1)硝酸铵含量不多于70%,含有其他无机物质;

(2)硝酸铵含量不多于80%,并混有碳酸钙和/或白云岩以及含量总计不多于0.4%的以碳计算的可燃有机物质;

(3)含有硝酸铵和硫酸铵混合物的氮类硝酸铵基化肥,其硝酸铵含量不多于45%,以碳计算的可燃有机物质含量总计不多于0.4%;和

(4)硝酸铵基化肥与氮、磷酸盐或钾碱的均匀混合物,其硝酸铵含量不多于70%,以碳计算的可燃有机物质含量总计不多于0.4%,或硝酸铵含量不多于45%,可燃物质含量不受限制。

描述：Ammonium nitrate based fertilizer，干燥时无黏性的晶体、颗粒或丸粒，全部或部分溶于水。

用途：其主要用作农作物的肥料。

装载：其静止角为 27° ~ 42°，非黏性，积载因数为 0.83 ~ 1.0 m^3/t，颗粒大小为 1 ~ 4 mm，组别 C。具体内容见硝酸铵基化肥 UN 2067。

现场检查注意事项：见硝酸铵基化肥 UN 2067。

图片：见硝酸铵基化肥 UN 2067。

9.1.13 硝酸钙 UN 1454 JT091 减半征收

IMSBC 规则的规定不宜适用于主要由复盐（硝酸钙和硝酸铵）构成且硝酸铵含量不超过 10% 和结晶水含量至少 12% 的商品级硝酸钙化肥。

描述：Calcium nitrate，又称钙硝石，用硝酸跟氢氧化钙或碳酸钙反应可制得该品，白色易潮解固体，溶于水，有氧化性，加热放出氧气，遇有机物、硫等即发生燃烧和爆炸。

用途：它是制造其他硝酸盐的原料，电子工业用于涂覆阴极，农业上用作酸性土壤的速效肥料和植物快速补钙剂以及用作分析试剂及焰火用材料等。

装载：其积载因数为 0.91 ~ 1.12 m^3/t，类别 5.1，组别 B，其必须与食品隔离，按 IMSBC 规则第 4 和 5 节的相关规定进行平舱。该货物应尽实际可能保持干燥，不得在降水期间装卸。应采取相应措施防止货物与可燃物质接触。卸货时，如该货物已硬化，必要时应平舱以避免形成悬垂块片。

现场检查注意事项：(1) 该货物为不可燃物质，虽不可燃，但其与可燃物质的混合物容易点燃并可能猛烈燃烧，大大加剧可燃物质的燃烧；(2) 该货物吞咽有毒；(3) 应携带防护服（手套、靴子、工作服、安全帽）、自给式呼吸器、喷雾嘴专用应急设备。火灾应急时，应使用大量的水，最好以喷雾形态施用以避免扰乱物质表面。物质可能熔化或融化，在此状况下用水可能导致融化的物质大范围扩散。隔绝空气或使用 CO_2 均不能控制火势。宜充分考虑到水的积聚对船舶稳性的影响。

图片：

9.1.14 硝酸钙化肥 JT091 减半征收

IMSBC 规则的规定仅适用于总含氮量不超过 15.5%，且含水量少于 12% 的货物。

描述： Calcium nitrate fertilizer，呈粒状，主要由复盐（硝酸钙和硝酸铵）构成。如氮总含量超过 15.5% 或水含量少于 12%，参见硝酸钙 UN 1454 的细目。

用途： 其在农业上用作酸性土壤的速效肥料和植物快速补钙剂等。

装载： 其静止角为 34°，非黏性，积载因数为 0.90 ~ 0.95 m^3/t，颗粒大小为 1 ~ 4 mm，组别 C，与食品隔离，按 IMSBC 规则第 4 和 5 节的相关规定进行平舱。该货物应尽实际可能保持干燥，不得在降水期间装卸。

图片:

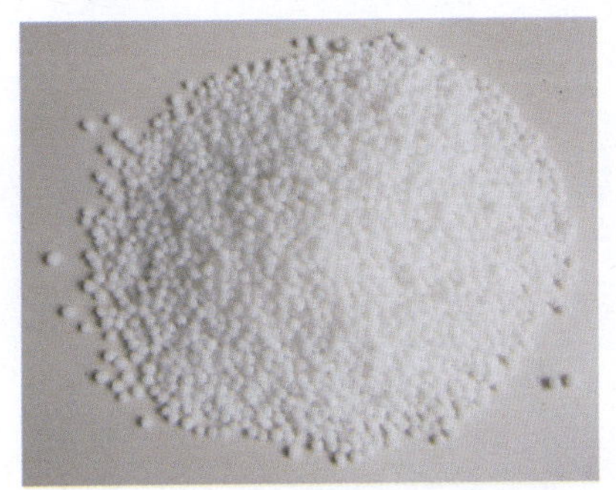

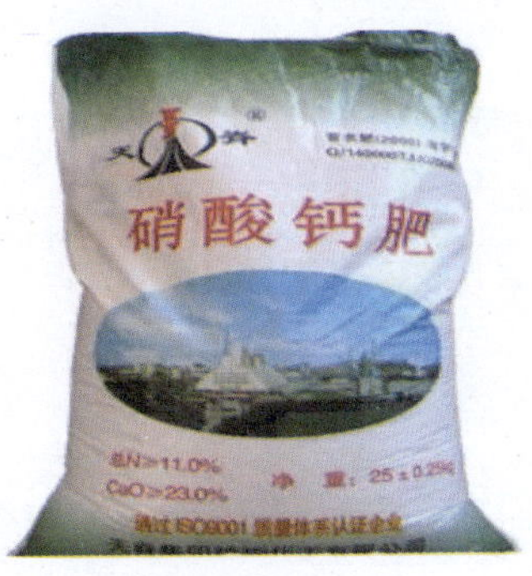

9.1.15 硝酸钾 UN 1486 JT091 减半征收或 JT1331 正常征收

描述: Potassium nitrate,又称硝石、盐硝、火硝,硝酸钾是无氯钾、氮复合肥料,透明、无色或白色结晶粉末或晶体,吸湿。

用途: 其主要用作肥料,此外还广泛用于制造黑火药、烟火、火柴、陶瓷釉药、玻璃制作、发色剂等。

装载: 其静止角为 30°~31°,非黏性,积载因数为 0.88 m^3/t,晶体或粉末,类别 5.1,组别 B,与食品隔离,按 IMSBC 规则第 4 和 5 节的相关规定进行平舱。该货物应尽实际可能保持干燥,不得在降水期间装卸。应充分注意防止货物与可燃物质接触。在航行期间,不得对载运该货的货物处所通风。卸货时如该货物已硬化,必要时应平舱以避免形成悬垂块片。

现场检查注意事项: (1)该货物潮湿时氧化,与可燃物质的混合物容易点燃并可能猛烈燃烧;(2)应携带防护服(手套、靴子、工作服和安全帽)、自给式呼吸器、喷雾嘴专用应急设备。火灾应急时,应使用大量的水,最好以喷雾形态施用以避免扰乱物质表面。物质可能熔化或融化;在此状况下用水可能导致融化的物质大范围扩散。隔绝空气或使用 CO_2 均不能控制火势。宜充分考虑到水的积聚对船舶稳性的影响。

图片：

9.1.16 不含硝酸盐的化肥（无危险的）JT091 减半征收

描述： Fertilizers without nitrates，呈粉末状和颗粒状，浅绿色、棕色或米黄色，无味，含水量很低（0% ~1%），吸湿。

用途： 其主要用作农作物的肥料。

装载： 其积载因数为 0.90 ~1.40 m^3/t，颗粒大小为 1 ~3 mm，组别 C，按 IMSBC 规则第 4 和 5 节的相关规定进行平舱。该货物应尽实际可能保持干燥，不得在降水期间装卸。在航行期间，不得对载运该货的货物处所通风。卸货时如该货物已硬化，必要时应平舱以避免形成悬垂块片。

图片： 略。

9.1.17 硫酸铵 JT091 减半征收

描述： Ammonium sulfate，又称硫铵，工业上采用氨与硫酸直接进行中和反应而得，或利用工业生产中副产物或排放的废气用硫酸或氨水吸收，灰褐色至白色晶体、颗粒，自由流动，溶于水，吸收水分，含水量为 0.04% ~0.5%，具有氨的气味，重量会自然损失。

用途： 其主要用作肥料，适用于各种土壤和作物，还可用于纺织、皮革、医药等方面。

装载： 其静止角为 28° ~ 35°，非黏性，积载因数为 0.95 ~ 1.06 m^3/t，颗粒大小为 2 ~ 4 mm，组别 C，按 IMSBC 规则第 4 和 5 节的相关规定进行平舱。该货物应尽实际可能保持干燥，不得在降水期间装卸。装卸期间应充分考虑尽量减少粉尘的产生。在航行期间，不得对载运该货的货物处所通风。卸货时如该货物已硬化，必要时应平舱以避免形成悬垂块片。

现场检查注意事项： (1)其粉尘可能刺激皮肤和眼睛，吞入有害；(2)该货物虽归入无危害类别，但如货物处所潮湿，可能对骨架、舷侧壳板、舱壁等造成严重腐蚀；(3)注意粉尘对机器处所、起居处所、设备及人员的影响；(4)可能暴露于货物粉尘的人员应戴护目镜或其他等效的防尘护目用具和粉尘过滤面罩，必要时应穿防护服。

图片：

9.1.18 硝酸钠 UN1498 JT091 减半征收

描述： Sodium nitrate，为无色、透明、无嗅晶体，吸湿并溶于水。其味苦咸，易溶于水和液氨，微溶于甘油和乙醇中，易潮解，特别在含有极少量氯化钠杂质时，硝酸钠潮解性就大为增加。

用途： 硝酸钠为酸性土壤的速效肥料，特别适用块根作物，如甜菜、萝卜等，但不适用于盐碱性土壤。

装载：其积载因数为 1.39 ~ 1.97 m^3/t，类别 5.1，组别 B，与食品隔离，按 IMSBC 规则第 4 和 5 节的相关规定进行平舱。该货物应尽实际可能保持干燥，不得在降水期间装卸。应充分注意防止货物与可燃物质接触。在航行期间，不得对载运该货的货物处所通风。卸货时如该货物已硬化，必要时应平舱以避免形成悬垂块片。在加热时，硝酸钠易分解成亚硝酸钠和氧气。硝酸钠可助燃，须存储在阴凉通风的地方。其具有氧化性，与有机物摩擦或撞击能引起燃烧或爆炸，有毒。

现场检查注意事项：(1)其潮湿时氧化，与可燃物质的混合物容易点燃并可能猛烈燃烧；(2)应携带防护服(手套、靴子、工作服和安全帽)、自给式呼吸器、喷雾嘴专用应急设备。火灾应急时，应使用大量的水，最好以喷雾形态施用以避免扰乱物质表面。物质可能熔化或融化；在此状况下用水可能导致融化的物质大范围扩散。隔绝空气或使用 CO_2 均不能控制火势。宜充分考虑到水的积聚对船舶稳性的影响。

图片：

9.1.19 硝酸钠和硝酸钾混合物 UN1499 JT091 减半征收

描述：Sodium nitrate and potassium nitrate mixture，白色结晶粉末

混合物。硝酸钾味辛辣而咸,有凉感,微潮解,潮解性比硝酸钠微小。

用途: 其在农业上用途十分广泛,硝酸钾属于二元复合肥,且肥效高,易吸收,促进幼苗早发,可增加烟草产量,对提高烟草品质有着重要作用。

装载: 其积载因数为 0.88 m^3/t,类别 5.1,组别 B,与食品隔离,按 IMSBC 规则第 4 和 5 节的相关规定进行平舱。该货物应尽实际可能保持干燥,不得在降水期间装卸。应充分注意防止货物与可燃物质接触。在航行期间,不得对载运该货的货物处所通风。卸货时如该货物已硬化,必要时应平舱以避免形成悬垂块片。在加热时,硝酸钠易分解成亚硝酸钠和氧气。硝酸钠可助燃,须存储在阴凉通风的地方。其具有氧化性,有毒,与有机物摩擦或撞击能引起燃烧或爆炸。

现场检查注意事项: (1)其潮湿时氧化,与可燃物质的混合物容易点燃并可能猛烈燃烧;(2)应携带防护服(手套、靴子、工作服和安全帽)、自给式呼吸器、喷雾嘴专用应急设备。火灾应急时,应使用大量的水,最好以喷雾形态施用以避免扰乱物质表面。物质可能熔化或融化;在此状况下用水可能导致融化的物质大范围扩散。隔绝空气或使用 CO_2 均不能控制火势。宜充分考虑到水的积聚对船舶稳性的影响。

图片:

9.1.20 尿素 JT091 减半征收

描述： Urea，又称碳酰胺，是一种白色晶体，碳酸的二酰胺，分子式为 H_2NCONH_2 或 $CO(NH_2)_2$，为哺乳动物和某些鱼类体内蛋白质代谢分解的主要含氮终产物，白色、颗粒、无味的货品，水分含量少于1%。

用途： 其作为一种含氮量最高的中性肥料，适用于各种土壤和植物。

装载： 其静止角为28°～45°，非黏性，积载因数为1.17～1.56 m^3/t，颗粒大小为1～4 mm，组别C。按IMSBC规则第4和5节的相关规定进行平舱。因该货物吸湿，受潮会结块，含有水分的尿素（纯或不纯）可能损坏漆面或腐蚀钢材。装载或待装载该货物的处所的所有未用舱口均应关闭。在航行期间，不得对载运该货的货物处所通风，应尽实际可能保持干燥。该货物不得在降水期间装卸。卸货时如该货物已硬化，必要时应平舱以避免形成悬垂块片。

图片：

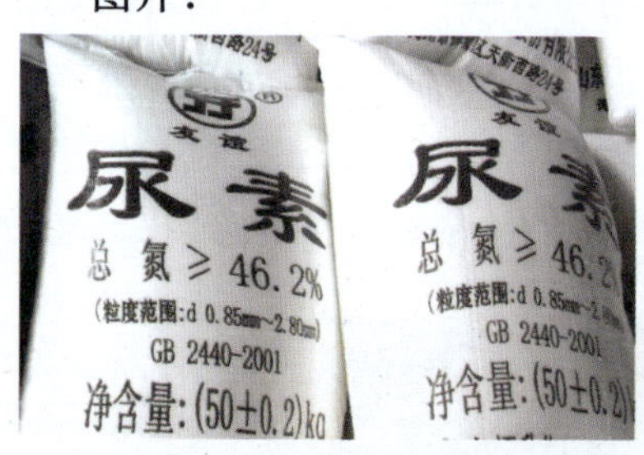

9.1.21 过磷酸盐 JT091 减半征收

描述： Superphosphate，呈颗粒状，灰白色、深灰色（三重过磷酸盐），视产地而定可能有很多粉尘，能吸湿。

用途： 其主要用作农业肥料。

装载： 其积载因数为1.10～1.23 m^3/t，组别C组，0.15～4 mm

或颗粒状，按 IMSBC 规则第 4 节要求平舱。该货物应尽实际可能保持干燥。该货物不得在降水期间装卸。在该货物装卸期间，装载或待装载该货物的处所的所有未用舱口均应关闭。冷凝、货物发热或舱口盖渗透产生的水分可能形成磷酸或亚磷酸，这可能造成钢制构件腐蚀。该货物的装载完成后，必要时应将货物处所的舱口密封。该货物会使遮盖舱底污水井的粗麻布或帆布腐烂。

现场检查注意事项：(1)防止货物受潮产生上述影响；(2)平舱板和内底宜用石灰水粉刷以防腐蚀。

图片：

9.1.22 硫酸钾 JT091 减半征收

描述：Potassium sulphate，是由硫酸根离子和钾离子组成的盐。通常状况下为无色或白色结晶、颗粒或粉末，质硬，化学性质不活泼，在空气中稳定。

用途：其主要用于血清蛋白生物检验，用作凯氏定氮用催化剂，还用于制备其他钾盐、化肥、药物及制备玻璃、明矾等。

装载：其静止角为 31°，非黏性，积载因数为 0.90 m^3/t，组别 C，按 IMSBC 规则第 4 和 5 节的相关规定进行平舱。

现场检查注意事项：无。

图片：

9.1.23 硫酸钾和硫酸镁 JT091 减半征收

描述： Sulphate of potash and magnesium，颗粒状淡褐色物质，水溶液几乎为中性，可能稍有气味（视制造商所用工艺而定）。

用途： 其主要用作农作物肥料。

装载： 其积载因数为 0.89 ~ 1.00 m^3/t，组别 C，按 IMSBC 规则第 4 的相关规定进行平舱。该货物应尽实际可能保持干燥。该货物不得在降水期间装卸。

现场检查注意事项：（1）在该货物装卸期间，装载或待装载该货物的处所的所有未用舱口均应关闭；（2）按 IMSBC 规则第 4 节进行平舱，如有疑问，合理平舱至货物处所四周界限，以最大限度减少货物移动的风险并确保航行期间船舶有足够稳性。

图片：

9.1.24 硫酸镁化肥 JT091 减半征收

描述: Magnesium sulphate fertilizers,含有硫酸镁的粉状化肥或化肥成分,灰色至棕色粉末,部分溶于水,可能扬尘。

用途: 其在农业中用作肥料,通常用于盆栽植物或缺镁的农作物,也用作浴盐。

装载: 其静止角为30° ~35°,积载因数为0.87 ~1.18 m^3/t,粉末,组别C,按IMSBC规则第4和5节的相关规定进行平舱。该货物应尽可能保持干燥,不得在降水期间装卸。在航行期间,不得对载运该货物的货物处所进行通风。为防止进水,须使载运该货物的货物处所的舱口实现风雨密。如果货物已变硬,须根据需要进行平舱以避免形成悬空表面。

现场检查注意事项: (1)其吞咽有害;(2)粉尘会刺激眼睛和皮肤,因此须避免眼睛和皮肤接触;(3)该货物部分溶于水,但潮湿可能会结块;(4)其易扬尘,装载时避免产生粉尘,可能接触该货物粉尘的人员应当佩戴防尘口罩、穿着防护服、佩戴防护手套和护目镜;(5)应当保持污水井清洁、干燥和遮蔽,以防货物进入。

图片:

9.2 动植物肥料(或饲料)

JT093 减半征收

描述: Tankage,屠宰场加工车间的动物有机物质下脚,已晾干,极易扬尘。

用途: 其主要作为有机肥料。

装载: 其属于组别 B,MHB 类货,易于自热并可能易于点燃,按 IMSBC 规则第 4 和 5 节的相关规定进行平舱。其可能传染病菌。舱底污水井应保持清洁、干燥并适当遮盖以防货物进入。舱底垫板应拆除或密封以防止该货物渗透。装载该货物的内底应在装载前铺上石灰。装卸期间应尽量减少粉尘的产生,与食品进行隔离温度高于 38 ℃时不得装载。

现场检查注意事项: (1)船上宜有自给式呼吸器;(2)应配备温度测量工具;(3)检验检疫报告齐备;(4)货物易扬尘。

图片:

10 盐

JT10

10.1 盐

（原盐 JT101、加工盐 JT102、其他盐 JT109）减半征收

描述： Salt，盐是指一类金属离子或铵根离子（NH_4^+）与酸根离子或非金属离子结合的化合物，如氯化钠、硝酸钙、硫酸亚铁和乙酸铵等，可溶性盐的溶液有导电性，是因为溶液中有可自由游动的离子，故此可作为电解质，它是晶体的一种。

用途： 其用于生活、医疗、工业等。

装载： 其积载因数为 0.81～1.12 m^3/t，晶体最大 12 mm，组别 C，按 IMSBC 规则第 4 和 5 节的相关规定进行平舱。该货物须尽可能保持干燥，不得在降水期间装载。在航行期间，不得对载运该货物的处所进行通风。货物装卸完成后，货物处所舱盖须密封。

现场检查注意事项： 该货物易潮解，如果水进入货物处所，盐的溶解可能导致船舶失去稳性的危险。

图片：

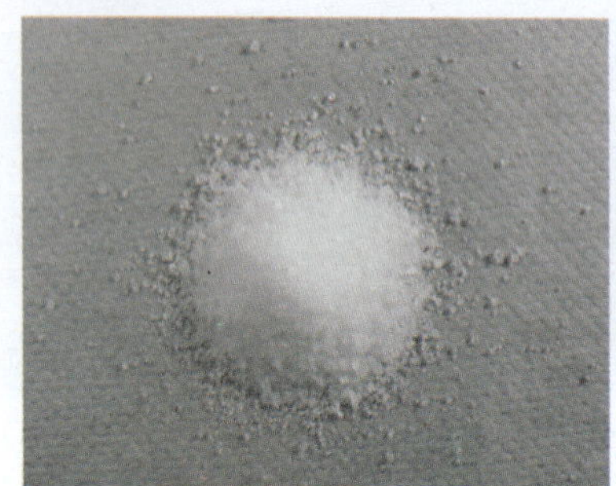

11 粮食

JT11

11.1 小麦

JT111 减半征收

描述： Wheat，一年生草本，高 30 ~ 120 cm；叶鞘无毛，叶舌膜质，短小，叶片平展，条状披针形，长 10 ~ 20 cm，宽 5 ~ 10 cm；穗状花序为圆柱形，直立长 5 ~ 10 cm，宽约 1 cm，穗轴每节着生 1 枚小穗；小穗长约 10 cm，含 3 ~ 5 小芝，两侧鹾扁，侧面向穗轴，无柄；颖卵形，近革质，中部具脊，顶端延伸成短尖头或芒；外稃扁圆形，顶端无芒或具芒；内稃与外稃近等长，具 2 脊；颖果卵圆形或矩圆形，顶端具短毛，腹具纵沟，易与稃片分离；花果期 7 ~ 9 月。

用途： 其主要作为粮食、药用、动物饲料。

图片：

11.2 玉米

JT112 减半征收

描述： Corn,常见玉米有黄玉米、白玉米两种。黄玉米种皮为黄色或略带红色的籽粒;白玉米种皮为白色,或略带淡黄色或略带粉红色的籽粒。籽粒扁平呈长方形,又叫马牙形。

用途： 其主要作为粮食、动物饲料和工业生产原料。

图片：

11.3 黄豆

JT113 减半征收

描述： Soybean,种皮为黄色,脐色为黄褐色、淡褐色或深褐色,粒形为卵形至近似球形,长约 1 cm。

用途： 其主要用途为榨油、动物饲料和人类粮食。

图片：

11.4 大米

JT114 减半征收

描述： Rice，大米是稻谷经清理、砻谷、碾米、成品整理等工序后制成的成品。

用途： 其主要用途为榨油、动物饲料和人类粮食等。

图片：

11.5 稻谷（含未去壳的稻谷）
JT115 减半征收

描述： Unhusked rice，是指没有去除稻壳的籽实，在植物学上属禾本科稻，属普通栽培稻亚属中的普通稻亚种。

用途： 其主要作为大米加工原材料，用作饲料、榨油原料等。

图片：

11.6 面粉（含粗粒、粗粉和细粉）
JT116 减半征收

面粉包含小类：JT1161 小麦粉、JT1162 大米粉、JT1163 玉米粉、JT1164 大豆粉、JT1169 其他加工麦粉粒。

描述： Flour，面粉是一种由小麦磨成的粉末。按面粉中蛋白质含量的多少，面粉可以分为高筋面粉、中筋面粉、低筋面粉及无筋面粉。面粉（小麦粉）是中国北方大部分地区的主食。

用途： 其主要作为食品原材料等。

图片：

11.7 杂粮

JT117 减半征收

杂粮包含小类：JT1171 粟（谷子）、黍（高粱）、稷（糜）及其粉，JT1172 大麦，JT1173 其他麦粒，JT1174 杂豆。

描述： Miscellaneous grain crops，通常是指水稻、小麦、玉米、大豆和薯类五大作物以外的粮豆作物，主要有高粱、谷子、荞麦（甜荞、苦荞）、燕麦（莜麦）、大麦、糜子、黍子、薏仁、籽粒苋以及菜豆（芸豆）、绿豆、小豆（红小豆、赤豆）、蚕豆、豌豆、豇豆、小扁豆（兵豆）、黑豆等。其特点是生长期短、种植面积少、种植地区特殊、产量较低，一般都含有丰富的营养成分。

用途： 其主要作为食品原材料、榨油原料、饲料等。

图片：

11.8 薯类
JT118 减半征收

11.8.1 木薯及其干片 JT1181 减半征收

描述： Tapioca chips，木薯块根干燥后即得商品木薯干，片状、条状或不规则形状，无光泽的白色，无发酵、霉变、结块及异味。

用途： 其主要作为动物饲料，也可用作人类粮食及医药、纺织和化工原料。

图片：

11.8.2 木薯淀粉 JT1182 减半征收

描述： Tapioca starch，木薯淀粉是木薯经过淀粉提取后脱水干燥而成的粉末，呈白色，无异味且口味平淡。

用途： 其广泛应用于食品工业及非食品工业。

装载： 其积载因数为 1.36 m^3/t，粉末或颗粒，组别 C，按 IMSBC 规则第 4 和 5 节的相关规定进行平舱。该货物可能自热并使货物处所缺氧。该货物为不燃物或失火风险低。货物粉尘较大，应保护水井避免货物进入。应充分考虑到保护设备不受货物粉尘的影响。

现场检查注意事项： 可能暴露于货物粉尘的人员必要时应穿戴

防护服、护目镜或其他等效的防尘护目用具和过滤面罩。

图片：

11.9 其他粮食及粉、渣

JT119

11.9.1 谷物筛选颗粒 JT119 减半征收

描述： Grain screening pellets，谷物筛选颗粒是动物饲料的原材料，颗粒状的饲料由谷物中分离的粗杂物生产。筛选意味着粗杂物从谷物中分离，不符合任何其他谷物等级。它们的品质取决于筛选的各种原料和杂质物质，破损或萎缩的谷粒、谷壳，草种，谷糠，粉末和其他植物材料，颜色呈褐色到黄色。

用途： 其主要用作动物饲料的原材料。

装载： 其静止角小于30°，积载因数为1.39～2.09 m^3/t，长度为12～38 mm，直径为4～7 mm，组别C，按IMSBC规则第4和5节的相关规定进行平舱。该货物应尽实际可能保持干燥，不得在降水期间装卸。在装货前，托运人需要提供由装货国主管机关认证的人员签发证书，证明该货物的含油量和含水量满足明细表中的描述。货物处所的舱门须保持风雨密防止水进入。

现场检查注意事项： 该货物像谷物一样自由流动，注意粉尘对人员安全的影响。

图片：

12 化工原料及制品
JT13

12.1 橡胶
JT131

12.1.1 橡胶制品 JT1313

12.1.1.1 颗粒轮胎橡胶 JT1313 正常征收

描述： Granulate type rubber，切碎的橡胶轮胎材料，经过清洁，不含其他物质。

用途： 其大部分作为胶粉和燃料使用，少部分能够再生利用。

装载： 其积载因数为 1.8 m^3/t，颗粒状，最大 10 mm，组别 C，按 IMSBC 规则第 4 和 5 节的相关规定进行平舱。在装卸和运输期间，应不准在装有该货的货物处所附近进行热工作业、燃烧和吸烟。在装运前，托运人应交给船长一份证书，说明该货物仅由干净的橡胶材料构成。当开始装载与完成卸货之间的预定间隔期超过 5 天时，不得接受货物装载，除非是在设有固定式气体灭火系统的货物处所载运该货物。主管机关如认为计划航程从装载开始到完成卸货不超过 5 天，可免除载运该货的货物处所设有固定式气体灭火系统的要求。

现场检查注意事项： 无。

图片：

12.1.1.2 轮胎粗碎块 JT1313 正常征收

描述： Coarse chopped types，旧轮胎剁碎或切碎的粗块。

用途： 其大部分作为胶粉和燃料使用，少部分能够再生利用。

装载： 其积载因数为 1.8 m^3/t，大小约为 15 cm×20 cm，组别 C，按 IMSBC 规则第 4 和 5 节的相关规定进行平舱。该货物在装载前、装载期间和航行期间应尽可能保持干燥，不得在降水期间装载。在装卸和运输期间，应不准在装有该货的货物处所附近进行热工作业、燃烧和吸烟。在装运前，托运人应交给船长一份证书，说明该货物不含油性制品或油性残留物，且装运前已在遮蔽但露天情况下存放不少于 15 天。当开始装载与完成卸货之间的预定间隔期超过 5 天时，不得接受货物装载，除非是在设有固定式气体灭火系统的货物处所载运该货物。主管机关如认为计划航程从装载开始到完成卸货不超过 5 天，可准予免除用于该货物运输的货物处所设有固定式气体灭火系统的要求。

现场检查注意事项： 装运前如未适当老化且交运尺寸如小于上述尺寸时，受含油残留物污染后可能缓慢自热。

图片：

12.1.1.3 块状的橡胶或塑料绝缘体（橡胶 JT1313、塑料 JT136）正常征收

描述：Chopped rubber and plastic insulation，塑料和橡胶绝缘材料，清洁，不含其他物质，呈颗粒状。

用途：橡胶大部分作为胶粉和燃料使用，少部分能够再生利用，如塑料重熔造粒、再生产化纤等。

装载：其积载因数为 1.76～1.97 m^3/t，颗粒大小为 1～4 mm，组别 C，按 IMSBC 规则第 4 和 5 节的相关规定进行平舱。在装卸和运输期间，应不准在装有该货的货物处所附近进行热工作业、燃烧和吸烟。在装运前，托运人应交给船长一份证书，说明该货物仅由干净的塑料和橡胶材料构成。当开始装载与完成卸货之间的预定间隔期超过 5 天时，不得接受货物装载，除非是在设有固定式气体灭火系统的货物处所载运该货物。主管机关如认为计划航程从装载开始到完成卸货不超过 5 天，可免除用于该货物运输的货物处所设有固定式气体灭火系统的要求。

图片：

12.2 纯碱

JT132 正常征收

描述： Soda ash，又称苏打灰、碳酸钠，粉末状，由白色无嗅细粒和粉尘组成，用盐和石灰石烧制而成，溶于水，纯碱遇油则毁坏。

用途： 其主要用于生产玻璃，如平板玻璃、瓶玻璃、光学玻璃和高级器皿；在化学工业中，用于制取钠盐、金属碳酸盐、漂白剂、填料、洗涤剂、催化剂及染料等；在冶金工业中，用来脱除硫和磷，用于选矿及铜、铅、镍、锡、铀、铝等金属的生产；在陶瓷工业中，用于制取耐火材料和釉。此外，工业气体脱硫、工业水处理、金属去脂、纤维素和纸的生产、肥皂制造等也需要纯碱。

装载： 其积载因数为 0.74 ~ 1.11 m^3/t，颗粒大小为 1 ~ 10 mm，组别 B，按 IMSBC 规则第 4 和 5 节的相关规定进行平舱。该货物应尽实际可能保持干燥。该货物不得在降水期间装卸。在该货物装卸期间，装载或待装载该货物的处所的所有未用舱口均应关闭。

现场检查注意事项： (1) 采取相应预防措施保护机器处所和起居处所不受货物粉尘的影响；(2) 货物处所的舱底污水井应受到保护不让货物进入；(3) 应充分考虑到保护设备不受货物粉尘的影响；

(4)可能暴露于货物粉尘的人员必要时应穿戴防护服、护目镜或其他等效的防尘护目用具和过滤面罩。

图片：

12.3 化工品 JT133

12.3.1 无机化学品 JT1331

12.3.1.1 磷酸盐(脱氟的)JT1331 正常征收

描述： Phosphate (defluorinated),颗粒状,类似细砂,干燥运输,深灰色,不含水分。

用途： 其主要用作肥料、动物饲料等。

装载： 其积载因数为 1.12 m^3/t,组别 C,按 IMSBC 规则第 4 和 5 节的相关规定进行平舱。

现场检查注意事项： (1)注意粉尘对机器处所、起居处所、设备及人员的保护;(2)可能暴露于货物粉尘的人员必要时应穿戴防护服、护目镜或其他等效的防尘护目用具和过滤面罩。

图片：

12.3.1.2 硅酸铝 JT1331 正常征收

描述： Alumina silica，是一种硅酸盐，以硬质黏土熟料为原料，经电阻或电弧炉熔融、喷吹成纤工艺生产而成，呈白色，由氧化铝和硅石晶体组成，含水量低（1% ~5%），块状 60%，粗粒粉末 40%，不溶于水。

用途： 其常用作防火材料和各种涂料。

装载： 其积载因数为 0.7 m^3/t，组别 C，按 IMSBC 规则第 4 和 5 节的相关规定进行平舱。该货物应尽实际可能保持干燥，不得在降水期间装卸。

现场检查注意事项：（1）注意粉尘对机器处所、起居处所、设备及人员的影响；（2）可能暴露于货物粉尘的人员必要时应穿戴防护服、护目镜或其他等效的防尘护目用具和粉尘过滤面罩。

图片：

12.3.1.3 硅酸铝(粒状)JT1331 正常征收

描述:Alumina silica,pellets,白色至灰白色,不含水分。

用途:其常用作防火材料和各种涂料。

装载:其积载因数为0.78~0.84 m^3/t,长度6.4~25.4 mm,直径6.4 mm,组别C,按IMSBC规则第4和5节的相关规定进行平舱。该货物应尽实际可能保持干燥,不得在降水期间装卸。

现场检查注意事项:(1)注意粉尘对机器处所、起居处所、设备及人员的影响;(2)可能暴露于货物粉尘的人员必要时应穿戴防护服、护目镜或其他等效的防尘护目用具和粉尘过滤面罩。

图片:

12.3.1.4 碳化硅JT1331 正常征收

描述:Carborundum,又称碳化硅晶须,是将石英砂与焦炭混合,利用其中的二氧化硅和石油焦,加入食盐和木屑,置入电炉中,加热到2 000 ℃左右高温,经过各种化学工艺流程后冶炼而成的一种坚硬黑色晶体状化合物,无味,无水分。

用途:其主要是功能陶瓷、高级耐火材料、磨料及冶金的原料。

装载:其积载因数为0.56 m^3/t。其大块75%(小于203.2 mm),小块25%(小于12.7 mm),组别C,按IMSBC规则第4和5节的相关规定进行平舱。

现场检查注意事项:(1)其吸入后有轻微毒害;(2)注意粉尘对

机器处所、起居处所、设备及人员的影响;(3)参与货物装卸的人员应穿戴防护服和防尘过滤口罩。

图片:

12.3.1.5 硫黄 UN1350 JT1331 正常征收

描述: Sulphur,为火山地区存在的一种游离矿物质,呈黄色,易碎,不溶于水,但受热易熔化。硫黄须在潮湿状态下装载。

用途: 其为工业原料,可作为制硫酸原材料,也是无机农药中的一个重要品种。

装载: 其积载因数为0.74~1.11 m^3/t,颗粒大小为1~10 mm,组别B。细粒硫黄(硫华)不得散装运输。载有该货的货物处所的平舱板和内底应用石灰水粉刷或涂上油漆以防腐蚀。货舱上部应涂一层牢固的油漆。货物处所内不适合在爆炸性空气中使用的设备的电路应通过拆除该系统中除保险外的连接加以隔离。应充分考虑隔离货物处所的相邻处所内不适合在爆炸性空气中使用的设备的电路。装有该货的货物处所的通风筒均应设有防火星网。

现场检查注意事项: (1)该货物遇火时释放刺激性和窒息性很强的有毒气体;(2)该货物与大多数氧化物质结合能形成爆炸性和敏感性混合物;(3)该货物易于发生粉尘爆炸,特别是在卸货后和扫舱时。

图片:

12.3.1.6 不锈钢研磨粉 JT1331 正常征收

描述：Stainless steel grinding dust，一般由二氧化铈、氧化镧、氧化镨、氧氟化镧等几种氧化物混合而成，此外还可能含有微量的氧化硅、氧化铝和氧化钙。

用途：不锈钢研磨粉的主要作用就是在于研磨方面(去金属毛边、批锋、斑纹、氧化皮等)，研磨粉是附有一定切削力的，能使工件在通过研磨后，得到表面相对平整。

装载：其积载因数为0.42 m^3/t，颗粒大小为75～380 mm，组别C，按IMSBC规则第4和5节的相关规定进行平舱。由于该货物密度极高，内底可能会受力过大，除非货物在内底均匀铺开以使重量平均分布。

现场检查注意事项：(1)采取相应预防措施保护机器处所和起居处所不受货物粉尘的影响；(2)货物处所的舱底污水井应受到保护，不让货物进入；(3)应充分考虑到保护设备不受货物粉尘的影响；(4)可能暴露于货物粉尘的人员必要时应穿戴防护服、护目镜或其他等效的防尘护目用具和过滤面罩。

图片:

12.3.1.7 硝酸铅 UN 1469 JT1331 正常征收

描述： Lead nitrate，又称硝酸铅（Ⅱ），分子式为 $Pb(NO_3)_2$，由金属铅放入熔铅炉熔化后，用水激成铅花，再与稀硝酸进行反应，至反应溶液呈淡黄色，澄清后趁热过滤，把滤液与浓硝酸进行盐析，经静置，固液分离制得，为白色立方或单斜晶体，硬而发亮，易溶于水。

用途： 其主要用于铅盐、媒染剂、烟花等的制造。

装载： 其类别为5.1，次风险6.1，组别B，与食品隔离，按IMSBC规则第4和5节的相关规定进行平舱。该货物应尽实际可能保持干燥，不得在降水期间装卸。在航行期间，必要时应对载运该货的货物处所进行表面自然通风。船长及高级船员须注意到固定式气体灭火装置对该货物失火无消防功效，且可能需要足量的水。

现场检查注意事项： (1)其吞入或吸入粉尘后有毒害；(2)其自身不可燃，但其与可燃物质的混合物容易点燃并猛烈燃烧；(3)注意粉尘对机器处所、起居处所、设备及人员的影响；(4)可能暴露于货物粉尘的人员必要时应穿戴防护服、护目镜或其他等效的防尘护目用具和过滤面罩；(5)应携带防护服（手套、靴子、工作服、安全帽）、自给式呼吸器及喷雾嘴专用应急设备。火灾应急时，应使用大量的水，最好以喷雾形态施用以避免扰乱物质表面。该物质可能熔化或融化，在此状况下用水可能导致融化的物质大范围扩散。隔绝空气或使用 CO_2 均不能控制火势。宜充分考虑到水的积聚对船舶稳性的影响。

图片：

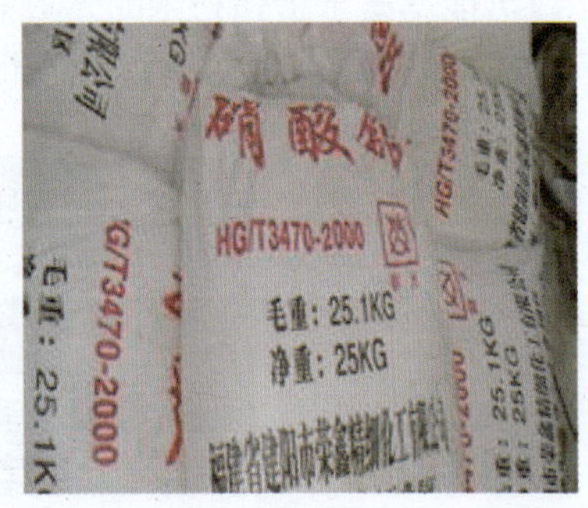

12.3.1.8 硝酸镁 UN 1474 JT1331 正常征收

描述： Magnesium nitrate，无色结晶，易溶于水，有吸湿性，有氧化性，溶于乙醇和氨水，水溶液呈中性，与易燃的有机物混合能发热燃烧，有火灾及爆炸危险，有刺激性。

用途： 其主要用于镁盐制备、分析试剂、催化剂、烟火、强氧化剂等。

装载： 其属于类别 5.1，组别 B，与食品隔离，按 IMSBC 规则第 4 和 5 节的相关规定进行平舱。卸货时如该货物已硬化，必要时应平舱以避免形成悬垂块片。

现场检查注意事项： (1)其自身虽不可燃，但其与可燃物质的混合物容易点燃并可能猛烈燃烧；(2)应携带防护服(手套、靴子、工作服、安全帽)、自给式呼吸器及喷雾嘴专用应急设备。火灾应急时，船长及高级船员须注意到隔绝空气或固定式气体灭火装置对该货物失火无消防功效，且可能需要足量的水，最好以喷雾形态施用以避免扰乱物质表面。物质可能熔化或融化；在此状况下用水可能导致融化的物质大范围扩散。宜充分考虑到水的积聚对船舶稳性的影响。

图片：

12.3.1.9 硝酸铝 UN 1438 JT1331 正常征收

描述： Aluminum nitrate，白色透明结晶，有潮解性，有氧化性，有刺激性，易溶于水和乙醇，极微溶于丙酮，几乎不溶于乙酸乙酯，水溶液呈酸性反应，与有机物摩擦或撞击能引起燃烧。

用途：其用作有机合成、石油加工的催化剂，纺织工业的媒染剂，皮革鞣剂，其他铝盐及在核工业中用作盐析剂等。

装载：其属于类别5.1，组别B，与食品隔离，按IMSBC规则第4和5节的相关规定进行平舱。该货物应尽实际可能保持干燥，不得在降水期间装卸。

现场检查注意事项：(1)应充分注意防止货物与可燃物质接触，因为其虽不可燃，但与可燃物质的混合物容易点燃并可能猛烈燃烧并产生有毒的亚硝烟气；(2)船舶应携带防护服（手套、工作服、安全帽）、自给式呼吸器及喷雾嘴专用应急设备。火灾应急时，船长及高级船员须注意到隔绝空气或固定式气体灭火装置对该货物失火无消防功效，且可能需要足量的水，最好以喷雾形态施用以避免扰乱物质表面。物质可能熔化或融化；在此状况下用水可能导致融化的物质大范围扩散。宜充分考虑到水的积聚对船舶稳性的影响。

图片：

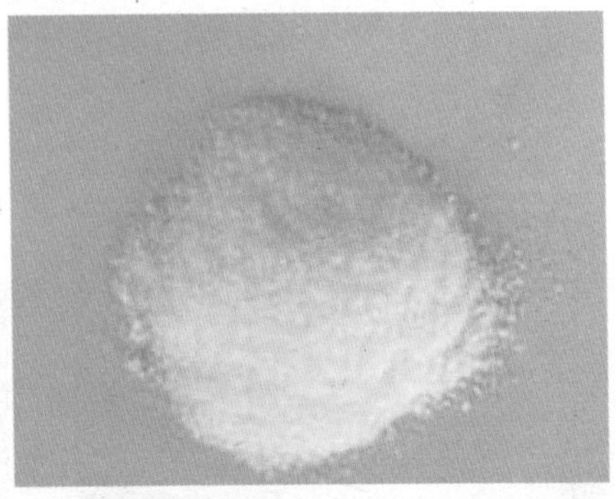

12.3.1.10 硝酸钡 UN 1446 JT1331 正常征收

描述：Barium nitrate，由硝酸跟氢氧化钡反应制得，有光泽的白色晶体或粉末，有毒，密度3.24 g/cm^3，微具吸湿性，溶于水，不溶于乙醇，加热时分解放出氧气，有强氧化性，跟硫、磷、有机物接触、摩擦或撞击能引起燃烧或爆炸，燃烧时呈现绿色火焰。

用途：其主要用于制造钡盐、信号弹及焰火，还用于制陶瓷釉、医药以及用作氧化剂、分析试剂等。

装载： 其为细粉末，类别 5.1，次危险 6.1，组别 B，与食品隔离。按 IMSBC 规则第 4 和 5 节的相关规定进行平舱。在航行期间，必要时应仅对货物表面进行自然或机械通风。

现场检查注意事项： (1)吞入或吸入粉尘后有毒害；(2)注意粉尘对机器处所、起居处所、设备及人员的影响；(3)可能暴露于货物粉尘的人员应戴护目镜或其他等效的防尘护目用具和粉尘过滤面罩，必要时应穿防护服；(4)如遇火，与可燃物质混合后易于点燃并可能猛烈燃烧；(5)应携带防护服(靴子、手套、工作服和安全帽)、自给式呼吸器专用应急设备。火灾应急时，船长及高级船员须注意到隔绝空气或固定式气体灭火装置对该货物失火无消防功效，且可能需要足量的水，最好以喷雾形态施用以避免扰乱物质表面。物质可能熔化或融化，在此状况下用水可能导致融化的物质大范围扩散。宜充分考虑到水的积聚对船舶稳性的影响。

图片：

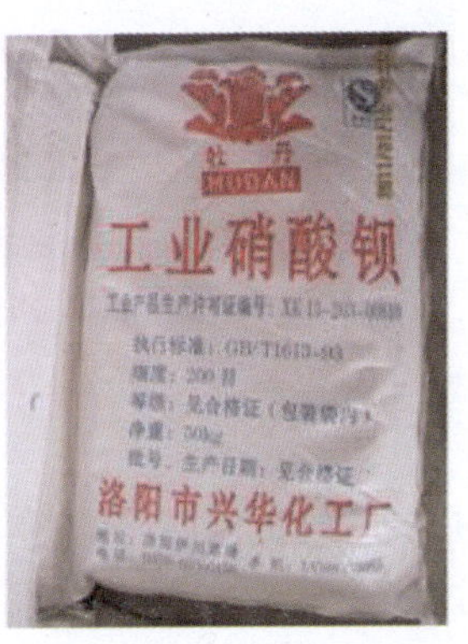

12.3.1.11 钾碱 JT1331 正常征收

描述： Potash，又称碳酸钾，白色结晶粉末，溶于水，水溶液呈碱性，不溶于乙醇、丙酮和乙醚，吸湿性强，暴露在空气中能吸收二氧化碳和水分，转变为碳酸氢钾，应密封包装。

用途： 碳酸钾主要用于食品中作膨松剂，也用于彩色电视机工业,可用于玻璃、印染、肥皂、搪瓷、制备钾盐、合成氨脱羰等。

装载: 其静止角为 32°~35°,非黏性,积载因数为 0.77~1.03 m^3/t,粉末至 4 mm 大小,组别 C。按 IMSBC 规则第 4 和 5 节的相关规定进行平舱。该货物应尽实际可能保持干燥,不得在降水期间装卸。在航行期间,不得对载运该货的货物处所通风。该货物的装载完成后,必要时应将货物处所的舱口密封以防进水。卸货时如该货物已硬化,必要时应平舱以避免形成悬垂块片。

现场检查注意事项: 无。

图片:

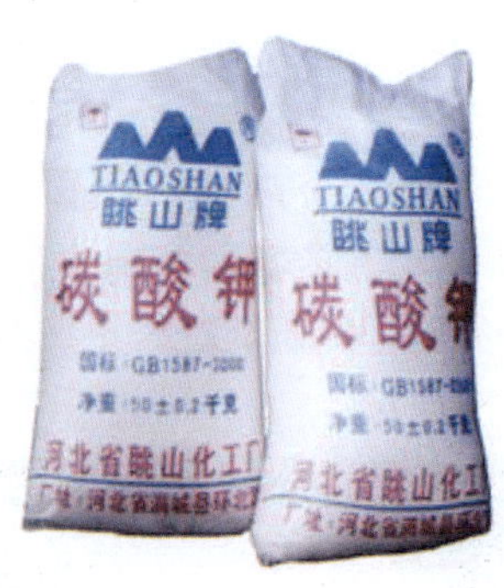

12.3.1.12 氢氧化铝(水合氧化铝)JT1331 正常征收

描述: Alumina hydrate,是精细、潮湿、白色、无味粉末,不溶于水和有机液体。

用途: 工业上,它是用量最大和应用最广的无机阻燃添加剂,也是电解铝行业所必需氟化铝的基础原料;医疗上,它常用于治疗胃酸过多。

装载: 其积载因数为 0.67~2.0 m^3/t,精细粉末,类别 MHB,组别 A 和 B,与氧化性物质隔离,按 IMSBC 规则第 4 和 5 节的相关规定进行平舱。如果货物不是在专门建造或配备符合 IMSBC 规则 7.3.2 要求的船舶中运输,须遵守:(1)航行期间须将货物的含水量保持在适运水分极限以下;(2)除非是在本明细表中有明确规定,不得在降水期间装卸；(3)除非是在本明细表中有明确规定，在货物装卸期间，须关闭装载或拟装载该货物的处所的不在使用中的所有舱盖；(4)如果货物的实际含水量小于适运水分极限，足以使实际含量不会由于降水而可能超过适运水分极限，则可在降水期间装卸；(5)如果货物处所的全部货物将在一港口卸完，可以在降水中卸下货物处所中的货物等规定。在航行期间，须定期检查货物表面的情况。若在航行期间观察到货物上面有自由液面或流态货物，船长须采取适当措施以防止货物移动和船舶的倾覆危险，并考虑寻求紧急进入避难地。应急程序中，应配备防护服（手套、靴子、工作服、安全帽）自给式呼吸器。

现场检查注意事项： (1)该货物的水分含量如果超过适运水分极限可能会流态化；(2)氢氧化铝粉末具有较强磨蚀性和穿透性，对眼睛、皮肤和黏膜具有刺激性；(3)注意粉尘对机器处所、起居处所、设备及人员的影响；(4)可能暴露于货物粉尘的人员必要时应穿戴防护服、护目镜或其他等效的防尘护目用具和过滤面罩。

图片：

12.3.1.13 七水合硫酸亚铁 JT1331 正常征收

描述： Ferrous sulphate heptahydrate，又称绿矾，淡绿色晶体，具有高度水溶性。

用途： 农业上，它用作化肥、除草剂及农药；工业上，它用于制铁盐、氧化铁颜料、媒染剂、净水剂、防腐剂、消毒剂等；医药上，它用作抗贫血药。

装载：其积载因数为 0.8 ~ 1.3 m^3/t，晶体，组别 C，与氧化性物质隔离，按 IMSBC 规则第 4 和 5 节的相关规定进行平舱。该货物应尽可能保持干燥，不得在降水期间装卸。在航行期间，不得对载运该货物的货物处所进行通风。为防止进水，须使载运该货物的货物处所的舱口实现风雨密。如果货物已变硬，须根据需要进行平舱以避免形成悬空表面。

现场检查注意事项：(1)其吞咽有害；(2)其粉尘导致严重的眼睛腐蚀及皮肤腐蚀，因此要避免与眼睛和皮肤接触；(3)该货物遇潮湿会结块，具有高度可溶性，潮湿后呈酸性，过多流入水体中可能会导致水里的氧气损耗；(4)可能接触该货物粉尘的人员应当穿着防护服、佩戴防护手套和护目镜；(5)该货物是典型的无尘产品，但是在显著干燥的条件下，如果产生尘土，还应当佩戴防尘口罩；(6)应当保持污水井清洁、干燥和遮蔽，以防货物进入。

图片：

12.3.1.14 粒状硫酸亚铁 JT1331 正常征收

描述：Granular ferrous sulphate，为灰色至棕色颗粒，吸水且高度溶于水。

用途：其可用于制铁盐、氧化铁颜料、媒染剂、净水剂、防腐剂、消毒剂等。

装载：其积载因数为0.63～0.9 m^3/t，颗粒大于15 mm，组别C，与氧化性物质隔离，按IMSBC规则第4和5节的相关规定进行平舱。该货物应尽可能保持干燥，不得在降水期间装卸。在航行期间，不得对载运该货物的货物处所进行通风。为防止进水，须使载运该货物的货物处所的舱口实现风雨密。如果货物已变硬，须根据需要进行平舱以避免形成悬空表面。

现场检查注意事项：(1)其吞咽有害；(2)其粉尘导致严重的眼睛腐蚀及皮肤腐蚀，因此要避免眼睛和皮肤接触；(3)该货物遇潮湿会结块，高可溶性，潮湿后呈酸性，过多流入水体中可能会导致水里的氧气损耗；(4)可能接触该货物粉尘的人员应当穿着防护服、佩戴防护手套和护目镜；(5)装载时避免产生灰尘，如果产生灰尘应当佩戴防尘口罩；(6)应当保持污水井清洁、干燥和遮蔽，以防货物进入。

图片：

13 有色金属

JT14

13.1 镍及制品

JT142

13.1.1 粒状镍锍 JT142 正常征收

粒状镍锍含水量低于 2%。

描述： Granulated nickel matte，镍锍即镍锍化矿石，粗糙的黑灰色镍产品，由 55% 的镍、20% 的铜和 25% 的其他杂质组成，其所得各种金属锍是很复杂的硫化物共熔体，由金属的低价硫化物组成，其中富集了待提取的金属及贵金属。该物质是无嗅的。

用途： 其用于提取镍金属。

装载： 其积载因数为 0.25 ~ 0.36 m^3/t，颗粒最大 3 mm，类别 MHB，组别 B，与食物隔离，按 IMSBC 规则第 4 和 5 节的相关规定进行平舱。由于货物密度极高，除非货物在内底均匀铺开以使重量平均分布，否则内底可能会受力过度。在航行和装载期间，应充分注意确保不要把货物堆起而使内底受力过度。

现场检查注意事项： (1) 如果必要，可能接触到货物粉尘的人员须穿戴个人防护装备，包括护目镜或其他等效的防尘护眼、呼吸防护和/或必要的皮肤防护；(2) 须留意防止粉尘进入生活区和封闭的工作区域;(3)禁止在货物操作期间饮食;(4)应采取适当的预防措施,以保护机器和起居处所免受粉尘侵袭。应急程序中,须配备防护服(手套、鞋子、连体衣)及自给式呼吸器。

图片:

13.2 锌及制品

JT145

13.2.1 锌灰 UN 1435 JT145 正常征收

描述: Zinc ashes,浅灰色的细小粉末,具强还原性,锌灰是热镀锌厂和电解锌厂在生产过程中产生的一种副产品,主要成分为氧化锌,金属锌和部分杂质,其中氧化锌和金属锌都有着较高的经济价值,但是必须把它们分离开才能使用。

用途: 其常作为提炼金属锌的原材料。

装载: 装运该货物必须经过装运国和船旗国主管当局批准,其积载因数为 1.11 m^3/t,类别 4.3,组别 B,与食物隔离并与所有第 8 类液体隔离,按 IMSBC 规则第 4 和 5 节的相关规定进行平舱。

现场检查注意事项: (1)排除货物中任何受潮物质;(2)船上应能进行氢气(一种易燃气体)探测,探明氢气含量,因为该货物遇水分或水易释放氢气和有毒气体。该货物失火风险低或为不燃物。

图片：

14 轻工、医药产品
JT15

14.1 饮食品
JT153

14.1.1 糖 JT1531 正常征收

描述： Sugar，视糖的类型而定，可能为褐色或白色细粒或晶状体。

用途： 糖主要作为饮食品。

装载： 其积载因数为 1.00～1.60 m^3/t，细粒最大 3 mm，组别 C，按 IMSBC 规则第 4 和 5 节的相关规定进行平舱。在该货物装卸期间，装载或待装载该货物的处所的所有未用舱口均应关闭。

现场检查注意事项： (1) 由于糖溶于水，进水后可能会随船舶的运动而在货体内部形成气囊，由此产生的危害与可流态化货物构成的危害相似，应认识到水如进入货舱，船舶稳性因糖的溶解（液态底层的形成和货物的移动）而有风险；(2) 糖类运输包装如是麻制品，则易燃。

图片：

15 农、林、牧、渔业产品 JT16

15.1 经济作物及制品 JT162

15.1.1 动植物食用油料、脂肪及制品 JT1621

15.1.1.1 干椰子肉 UN 1363 JT1621 正常征收

描述：Copra(dry)，又称椰干，是将削去种皮的鲜椰子肉，用切片机、插丝机或其他适当的机械将之切碎成适当大小的片状或粒状物料，再送入两段或三段式间接加热的干燥器中，使水分含量降至3%左右而制成。经干燥的椰子肉，带有渗透性的陈腐脂肪气味，可能污染其他货物。

用途：其主要用于制造饼干及椰糖等食品。

装载：其积载因数为2.0 m^3/t，类别4.2，组别B，按IMSBC规则第4和5节的相关规定进行平舱。该货物不得在受热表面（包括燃油柜）上或其相邻处积载。该货物应尽实际可能保持干燥，不得在降水期间装卸。该货物潮湿时不得接受装载。该货物应在装运前已风干至少一个月时，或在托运人向船长提供一份由来源国主管当局认可的人员签发的证书，说明该货物的含水量不大于5%时，方可接受装载。应禁止在货物处所和相邻区域吸烟和使用明火。应不准进入装有该货的货物处所,除非该处所经过通风并已检测其空气中的氧气浓度。在航行期间,必要时应仅对货物表面进行自然或机械通风。该货物的温度应在航行期间定期测量和记录,以监测可能发生的自热。

现场检查注意事项:(1)其易自热和自燃,特别是在遇水时;(2)其易使货物处所缺氧。火灾应急时,关闭舱盖板,使用船舶的固定式灭火装置(如有)。隔绝空气可能足以控制火势。

图片:

15.1.1.2 软绒棉花籽 JT1621 正常征收

描述: Linted cotton seed,为经机器脱棉 90% ~98% 后,附有短棉纤维的棉籽。

用途:短棉绒用于生产炸药、醋酸纤维、人造丝、乙基纤维素、喷漆和多种塑料以及其他需要优质纤维作为原料的产品,棉籽壳用作种植食用菌和粗饲料,种仁用于榨油,棉籽饼(粕)为酿造酱油原料。

装载:其积载因数为 2.02 m^3/t,类别 MHB,组别 B,按 IMSBC 规则第 4 和 5 节的相关规定进行平舱。该货物应尽实际可能保持干燥,不得在降水期间装卸。应不准进入装有该货的货物处所,除非该处所经过通风并已检测其空气中的氧气浓度。舱口宜为风雨密,以防进水。卸货时如该货物已硬化,必要时应平舱以避免形成悬垂块片。

现场检查注意事项:其可能自热并使货物处所缺氧,应携带自给式呼吸器专用应急设备。火灾应急时，关闭舱盖板，使用船舶的固定式灭火装置（如有）。

图片：

15.1.2 经济作物原料、残渣及副产品 JT1629

15.1.2.1 蓖麻籽、蓖麻饼、蓖麻油渣或蓖麻片 UN 2969 JT1629 正常征收

描述：Castor beans or castor meal or castor pomace or castor flake，榨过油的蓖麻籽。

用途：其主要作为绿色食品生产基地用的肥料和医学药物。

装载：其属于类别 9，组别 B，与食品和氧化性物质（包装货物及固体散装物质）隔离，按 IMSBC 规则第 4 和 5 节的相关规定进行平舱。蓖麻粉、蓖麻油渣和蓖麻片不得散装载运。在航行期间，必要时应仅对货物表面进行自然或机械通风。

现场检查注意事项：（1）其含有一种强烈的变应原，某些人吸入粉尘或皮肤与碎蓖麻籽货品接触，会严重刺激皮肤、眼睛和黏膜；（2）摄入也有毒害；（3）注意粉尘对机器处所、起居处所、设备及人员的影响；（4）可能暴露于货物粉尘的人员应戴护目镜或其他等效的防尘护目用具和粉尘过滤面罩；（5）必要时应穿防护服（手套、靴子、工作服、安全帽）、自给式呼吸器、喷雾嘴专用应急设备。火灾应急时，关闭舱盖板；使用船舶的固定式灭火装置（如有）。隔绝空气可能足以控制火势。

图片：

15.1.2.2 种子饼（UN 1386、UN 2217 及无危险的）JT1629 或饲料 JT173 正常征收

描述： Seed cake，含油种子用溶剂法萃取油或经机械榨油后所剩的残留物，包括谷物和谷物产自烤制物质、大麦牙粒、甜菜、糠粒、酿酒用谷粒、柑橘渣粒、椰子、椰肉、玉米鼓、棉籽、粕、麸粒、落花生粗粉、玉米糁、亚麻籽、玉米、含油粗粉、谷粕颗粒、大豆、葵花籽、烤制粗粉等物质。

用途： 其主要用作农用饲料及肥料等。

装载： 其积载因数为 1.39 ~ 2.09 m^3/t，B 类货。装载前，宜由托运人提供一份由装运国主管当局认可的人员签发的证明，说明已符合种子饼 UN 1386 或 UN 2217 细目（按适用者）中的免除要求。

现场检查注意事项： (1) 含植物油量和含水量大于 IMSBC 规则标准时，其可能缓慢自热，如受潮或含有未氧化油的比例过高则可能自燃；(2) 其易氧化，随后导致处所氧气减少，货物可能产生二氧化碳。

图片：

15.1.2.3 干酒糟及其可溶物 JT1629 减半征收

描述： Distillers dried grains with solubles，为谷粒和用酵母和酶对玉米淀粉进行发酵后得到的浓缩酒糟溶液的干缩的混合物，用于生产酒精和二氧化碳，黄褐色，带有熟玉米的气味，水分含量不超过 13%，含油量不超过 11%。

用途： 其是一种良好的食用菌栽培原料，也可用来制作香醋、醋酸钠以及饲料等。

装载： 其积载因数为 1.92 ~ 2.22 m^3/t，组别 C，按 IMSBC 规则第 4 和 5 节的相关规定进行平舱。在敞开的区域装载，该货物应尽可能保持干燥，不得在降水期间装卸。为防止进水，须使载运该货物的处所的舱口实现风雨密。如果货物已变硬，须根据需要进行平舱以避免形成悬空表面。

图片：

15.2 种子、农作物苗
JT164

15.2.1 农作物种子、根、茎 JT1641

15.2.1.1 苜蓿 JT1641 正常征收

描述：Alfalfa，俗称三叶草，是苜蓿属植物的通称，是一种多年生开花植物，世界各地广泛引种栽培。本货物源自于干苜蓿草的物质，以粗粉、丸粒形状装运。

用途：其主要用作牲畜饲料。

装载：其积载因数为 1.39～1.97 m^3/t，细粉末，组别 C，按IMSBC规则第 4 和 5 节的相关规定进行平舱。该货物应尽实际可能保持干燥，不得在降水期间装卸。在装载该货物前，须有主管当局或托运人的证书，证明所装运物质不符合对种子饼的要求。

现场检查注意事项：无。

图片：

15.2.1.2 花生(带壳)(种用 JT1641 或其他 JT1634)正常征收

描述：Peanuts(in shell)，原名落花生，又名长生果、地豆等，是我国产量丰富、食用广泛的一种棕黄色坚果，含水量不定，极易扬尘。

用途：除了食用和药用外，其还用于提取食用油，在纺织工业上用作润滑剂，机械制造工业上用作淬火剂等。

装载： 其积载因数为 3.29 m^3/t，组别 C，远离热源。按 IMSBC 规则第 4 和 5 节的相关规定进行平舱。在航行期间，不得对载运该货的货物处所通风。

现场检查注意事项： (1)其可能自热；(2)注意粉尘对机器、设备及起居处所的影响；(3)可能暴露于货物粉尘的人员必要时应穿戴防护服、护目镜或其他等效的防尘护目用具和过滤面罩。

图片：

15.3 水产品

JT165

15.3.1 鱼及制品 JT1651

15.3.1.1 鱼(散装)JT1651 正常征收

描述： Fish(in bulk)，冷冻后散装载运的鱼。

用途： 除了供人类食用、药用外，其还可加工成鱼粉作饲料等。

装载： 其大小各异，属于组别 A，按 IMSBC 规则第 4 和 5 节的相关规定进行平舱。在载运该货物前，应充分注意与主管当局协商。

对该货物可免除IMSBC规则第7节中关于确定*TML*和申报含水量的要求。卸货完成后，应注意该货物的残留物易腐烂，导致有毒气体散发和缺氧。

现场检查注意事项： 散装载运的鱼可能流态化。

图片：

15.3.1.2 鱼粉（鱼渣）［稳定的（经抗氧剂处理）］UN 2216 JT1651 或 JT173 正常征收

描述： Fish meal (Fish scrap) [stabilized (Anti-oxidant treated)]，将含有脂肪的鱼加热和烘干而制成的棕色至暗棕色物质。按质量计，含水量大于5%但不超过12%，脂肪含量不超过15%。其强烈气味可能影响其他货物。

用途： 其主要用作家畜、水产动物及毛皮动物的饲料，少量供人食用。

装载： 其积载因数为1.5～3.0 m^3/t，类别9，组别B，隔离要求同第4.2类物质，按IMSBC规则第4和5节的相关规定进行平舱。该货物应尽实际可能保持干燥，不得在降水期间装卸。当该货物温度超过35 ℃或高出环境温度5 ℃（取高者）时，不得接受货物装载。该货物不经风化/固化即可装载。经抗氧处理，所托运C组鱼粉如附有装运国主管当局签发的证书，说明该物质在散装运输时无自热特性，则本细目的规定宜不适用。在航行期间，须根据需要仅对运载该货物的处所进行自燃或机械的表面通风。如果货物温度超过55 ℃

且继续升高，则须停止货物处所的通风。如果继续自热，须对货物处所使用 CO_2 或惰性气体。该货物尽实际可能保持冷却和干燥。航行期间须每隔 8 h 测量一次货物温度，测量读数须记录并保留在船上。

现场检查注意事项：（1）其易自热，除非脂肪含量低或经有效的抗氧化处理；（2）其易使货物处所缺氧。

图片：

16 其他货类

JT17

16.1 各种废旧物品

JT177

16.1.1 废金属 JT177 正常征收

描述： Scrap metal，废铁或钢所包括的黑色金属范围极广。

用途： 其主要供回收利用。

装载： 其属于 C 组货物。装载前，其应按一般装载操作方式准备好货物处所。任何易受掉落货物损坏的区域均用舱垫加以保护，这包括货物进入货物处所时经过的甲板和舱口围板，可取的做法是拆除船舷围栏。应在舱口范围的内底仔细铺上一层该货物，以减少脱落物的冲击。应向磁铁或抓斗的操作员说明，不要在离货堆太高的位置释放载荷。通常的装载方法是沿船舶的中心线卸成一堆，利用坡度使货物滚到两端和两侧。须尽最大努力推向两舷和两端以使货物重量均匀分布。如未达到这种状况，重量轻而体积大的货块就会滚到两侧，体积小而重量大的货块则会集中在舱口范围内。当抽除舱底污水井的水时，船长应意识到预计会有来自旧机器的一定数量污垢和油。可能存在碎玻璃和锋利的锯齿状边缘，在废金属附近工作的人员应小心。舱口关闭前，应检查货物处所以防锋利突出物刺破船舷。

现场检查注意事项：参照上述装载要求进行:(1)装载操作安全确认;(2)装载后船舶结构是否受损确认。

图片：

索　引

续表

JT 编码	货类名称	征收类型	货物组别	描述	页码
0252	润滑油、脂	正常征收		机械油、齿轮油、轴用油、液压油、制动液，金属加工、防护用油等（含基础油）	—
0253	石脑油	正常征收			—
026	石油焦	正常征收			9
026	石油焦炭（煅烧的或未煅烧的）	正常征收	B		9
027	天然气	正常征收		气田、油田、煤田天然气	—
028	液化石油气	正常征收			—
029	其他未列名石油制品	—			10
0291	沥青及制品	正常征收		含各种混合沥青	—
0291	沥青球	正常征收	B		10
0292	烃类气	正常征收		丙烷、丁烷	—
0293	矿物蜡	正常征收		石蜡、煤蜡等	—
03	**金属矿石**	**—**		**各种黑色金属矿石、砂、粉（含原矿、选矿、精矿）**	**12**
031	铁矿	正常征收	C		12
031	铁矿石	正常征收		含未焙烧的黄铁矿	—
031	铁矿球团	正常征收	C		13
031	褐铁矿	正常征收	C		14
031	铁精矿［包括铁精矿（颗粒原料）、铁精矿（烧结原料）、黄铁矿、斯利格矿（铁矿）］	正常征收	A		14
031	黄铁矿（含铜和铁）	正常征收	C		16
031	铁燧岩丸粒	正常征收	C		17
032	锰矿石	正常征收			—
032	锰矿	正常征收	C		18
032	锰精矿	正常征收	A		19
033	铬矿石	正常征收	C		20
033	铬矿颗粒	正常征收	C		21
034	钨矿石	正常征收			—

续表

JT 编码	货类名称	征收类型	货物组别	描述	页码
035	镍矿石	正常征收			21
035	镍矿	正常征收	A		21
035	镍精矿	正常征收	A		23
036	铜矿石	正常征收			23
036	冰铜	正常征收	C		23
036	沉积铜、铜精矿	正常征收	A		24
036	铜砾	正常征收	C		25
037	铝矿石	正常征收			—
038	稀有、贵金属矿石、砂	—		钼、钽、铌、钛、锂、铍、锆、金、银、钴等	25
038	锆石砂	正常征收	C		25
038	金红石砂	正常征收	C		26
038	钛铁矿(石)	正常征收	C		28
038	钛铁矿黏土	正常征收	A		28
038	钛铁矿(精选的)	正常征收	A		29
038	钛铁矿砂	正常征收	A 或 C		31
0381	银砂矿	正常征收			—
0382	锑矿砂	正常征收			32
0382	锑矿和锑矿渣	正常征收	C		32
0383	铀或钍矿	正常征收			—
0383	放射性物质[低比活度(LSA - I 非裂变的或预计裂变的)] UN 2912	正常征收	B		32
039	其他未列名金属矿及砂、灰、渣	正常征收		铅、锡、锌、铝、铋、汞、镉、稀土等	34
039	铅矿	正常征收	C		34

续表

JT 编码	货类名称	征收类型	货物组别	描述	页码
039	铅精矿［包括铅锌煅砂（混合的）、铅锌中矿、铅银精矿、银铅精矿、锌铅煅砂（混合的）、锌铅中矿、锌精矿、锌烧结矿］	正常征收	A		35
039、053	粒状炉渣	缓征或免征	C		35
039	铝熔炼副产品或铝再熔炼副产品 UN 3170	正常征收	B		36
039	铝熔炼/再熔炼副产品（经处理的）	正常征收	A 和 B		38
039	硫化金属精矿	正常征收	A 和 B		39
04	**钢铁**	—		**含普通钢、铁；合金钢、铁；硅电钢等**	**42**
041	钢材、合金钢材	—		含热轧、热拉拔、热挤压、冷成型、冷加工的钢材	—
0411	型材	正常征收		普通方、圆、扁、角、六角、槽、丁字、工字钢等型材	—
0412	线材	正常征收			—
0413	板材	正常征收		特厚、中厚、薄钢板等	—
0414	带材	正常征收		冷轧、热轧、镀锡、不锈钢带等	—
0415	管材及附件	正常征收		无缝、焊接钢管；含套管、导管、焊接管等空心异型材，铸铁管、镀锌铁管、其他铁管等	—
0416	铸、锻钢材	正常征收		粗铸、锻件及坯件	—
0417	卷材	正常征收		不锈钢冷轧、热轧	—
0418	条、杆、角、网、栅、丝材	正常征收		含普通钢、不锈钢、其他合金钢	—
0419	其他钢材	正常征收		非合金钢、非卷材等	—
042	生铁、铁合金、非合金钢	—		铸铁、铁合金、特种生铁、普通生铁等	42
0421	生铁	正常征收	C		42
0422	铁合金	正常征收			43
0422	铁铬合金	正常征收	C		43
0422	铁铬合金（放热的）	正常征收	C		44

续表

JT 编码	货类名称	征收类型	货物组别	描述	页码
0422	铁锰合金	正常征收	C		44
0422	镍铁合金	正常征收	C		45
0422	磷铁合金(包括合金锭)	正常征收	B		45
0422	硅铁	正常征收	B		47
0422	硅锰合金(低碳)	正常征收	B		48
0423	还原铁产品	正常征收			49
0423	直接还原铁(A)(块状，热铸的)	正常征收	B		49
0423	直接还原铁(B)(块状,颗粒和冷模砖)	正常征收	B		51
0423	直接还原铁(C)(产生的粉末)	正常征收	B		51
0423	氧化铁(废的或海绵铁)UN 1376	正常征收	B		52
0424	非合金钢	正常征收		非合金钢锭及其他初级形状品	—
0425	铁或非合金钢板轧材、卷、角、型材	正常征收			—
0426	铁丝或非合金钢丝	正常征收		含镀或未镀、涂金属层的普通钢铁丝	—
043	钢锭、坯	正常征收			—
044	废钢铁	正常征收		废旧钢铁件、废碎料(边角)、烧结铁等	—
045	钢铁制品	—		各种钢铁构件	—
0451	钢铁材料、结构体	正常征收		桥梁体段、闸门、院顶门窗的框架、脚手架	—
0452	钢铁容器	正常征收		盛装物料用钢管道管、铁囤、柜、罐、桶及类似容器	—
0459	钢铁件及其他五金制品	正常征收		钢铁布、带、网、篱、格栅、网眼板；钢铁锚、链及零件、小五金；钢铁制家用桌、炉、灶、架、散热器及其零件	—
049	其他未列名钢铁	正常征收			—
05	**矿物性建筑材料**	—			**54**
051	砖	正常征收		普通砖、缸砖、耐火砖、瓷砖等	—
052	瓦	正常征收		普通瓦、硫璃瓦、石棉瓦、水泥瓦等	—

续表

续表

JT 编码	货类名称	征收类型	货物组别	描述	页码
069	水泥烧结块	减半征收	C		66
07	**木材**	—			**68**
071	原木	正常征收		坑木、枕木资材；电柱、造纸材等	—
072	锯材	正常征收		方木、枕木、板材、其他锯材等	—
073	人造板材	正常征收		各种人造胶合板、纤维板、刨花板；装饰、贴面板等	—
074	木制品	正常征收		各种榫头、地板条、强化木、画、相镜框、木制箱、盒、桶、托盘及建筑、装饰、厨用、餐用木制工具与用品	—
075	薪柴、木炭	正常征收			68
075	木炭	正常征收	B		68
076	木浆	正常征收		机械、化学、硫酸盐等木浆	—
079	其他未列名木材及制品	正常征收		木构件、杂木棍、碎树片、刨花、屑等	69
079	锯屑	正常征收	B		69
079	木片	正常征收	B		70
079	木球团	正常征收	B		71
08	**非金属矿石**	—		**含石、砂、粉、土**	**73**
081	非金属矿、石、砂	—			73
0811	磷矿石	缓征或免征		包括磷矿渣	73
0811	磷酸盐岩石（煅烧的）	缓征或免征	C		73
0811	磷酸盐岩石（未煅烧的）	缓征或免征	C		74
0813	镁、镁氧矿	正常征收		菱镁矿	75
0813	菱镁矿（天然的）	正常征收	C		75
0813	氧化镁（烧僵的）	正常征收	C		75
0813	氧化镁（未熟化的）	正常征收	B		76
0812	硫铁矿	正常征收			—
082	天然石墨	正常征收			—
083	重晶石	正常征收	C		77
084	石灰石	减半征收	C		78
084、088	大理石片	减半征收	C		79

续表

JT 编码	货类名称	征收类型	货物组别	描述	页码
085	白云石	正常征收	C		79
086	油母页岩	正常征收			—
087	工艺品、家居装饰用矿石、石膏	正常征收		各种宝石、玉石、金钢石、水晶、彩石等	80
087	石膏	正常征收	C		80
088	岩、砂、土、渣、粉	减半征收		各种天然岩砂、土；黏土、制瓷器及砖瓦用高岭土、制陶器用陶泥及陶土、建筑及农业用火山灰、建筑用红土、磷矿粉	81
088	陶土、高岭土	缓征或免征			81
088	黏土	缓征或免征	C		82
088	砂	减半征收	C		83
088	石英	减半征收	C		84
088	石英岩	减半征收	C		84
088	盐岩	减半征收	C		85
089	其他未列名非金属矿石	正常征收		硼矿、钾矿、硫黄矿、芒硝矿、螺纹石、天然碱、天青石、雄黄石、明矾石等化学矿采选品；铝钒土等耐火土石矿品；萤石、硅石等土砂石矿品；石棉、云母、滑石(粉)、冰洲石、膨润土(粉)、浮石、氟石、石英石、珍珠岩、硅藻土、菱苦土、其他非金属矿采选品等；火山灰(工业原料)、红土(矿产资源)；药用矿石见 1673 码	86
089	珍珠岩	正常征收	C		86
089	铝土矿	正常征收	C		86
089	钒矿	正常征收	B		87
089	耐火黏土	正常征收	C		88
089	矾土	正常征收	C		89
089	矾土(经焙烧的)	正常征收	C		89
089	硼砂(五水合物原矿)	正常征收	C		90

续表

JT 编码	货类名称	征收类型	货物组别	描述	页码
089、1331	无水硼砂(原矿、经提纯的)	正常征收	C		91
089	斜方硼砂(无水的)	正常征收	C		92
089	硬硼酸钙石	正常征收	C		93
089	浮石	正常征收	C		93
089	芒硝	正常征收	C		94
089	滑石	正常征收	C		95
089	长石	正常征收	C		95
089	氟石	正常征收	A 和 B		96
089	霞石正长岩(矿石)(精矿)	正常征收	A		97
089	冰晶石	正常征收	C		98
089	叶蜡石	正常征收	C		99
09	**肥料及农药**	—			**100**
091	化肥	减半征收		合成氨;农用氮、磷、钾化肥;合成复合肥料、混合复合肥料、微量原素肥料、其他化肥等杀虫剂、灭鼠剂、杀菌剂、除草剂、植物生长调节剂;其他各种化学农药制剂、灭害药剂等	100
091	氯化钾	减半征收	C		100
091	磷酸二铵(D. A. P.)	减半征收	C		101
091	磷酸一铵(M. A. P.)	减半征收	C		102
091	过磷酸钙	减半征收			103
091	重过磷酸钙	减半征收			104
091	富过磷酸钙	减半征收			104
091	钙镁磷肥	减半征收			105
091	复合肥	减半征收			106
091	硝酸铵 UN 1942	减半征收	B		106
091	硝酸铵基化肥 UN 2067	减半征收	B		109
091	硝酸铵基化肥 UN 2071	减半征收	B		112
091	硝酸铵基化肥(无危险性的)	减半征收	C		112

续表

JT 编码	货类名称	征收类型	货物组别	描述	页码
091	硝酸钙 UN 1454	减半征收	B		113
091	硝酸钙化肥	减半征收	C		114
091	硝酸钾 UN 1486	减半征收	B		115
091	不含硝酸盐的化肥(无危险的)	减半征收	C		116
091	硫酸铵	减半征收	C		116
091	硝酸钠 UN 1498	减半征收	B		117
091	硝酸钠和硝酸钾混合物 UN 1499	减半征收	B		118
091	尿素	减半征收	C		120
091	过磷酸盐	减半征收	C		120
091	硫酸钾	减半征收	C		121
091	硫酸钾和硫酸镁	减半征收	C		122
091	硫酸镁化肥	减半征收	C		123
092	农药	减半征收			—
093	动植物肥料(或饲料)	减半征收	B	动物粪肥,动、植物加工发酵等有机肥土杂肥等	124
10	**盐**	**减半征收**	C		**125**
101	原盐	减半征收		海盐、湖盐、井盐、矿盐等	125
102	加工盐	减半征收		粗盐、精盐、碘盐等	125
109	其他盐	减半征收		纯氯化钠、制盐原料等	125
11	粮食	—		不包括种子	127
111	**小麦**	**减半征收**		**食用小麦及混合麦**	**127**
112	玉米	减半征收			128
113	黄豆	减半征收			128
114	大米	减半征收		籼米、粳米、糯米等糙米、精米、碎米、米糠	129
115	稻谷	减半征收		含未去壳的稻谷	130
116	面粉	减半征收		含粗粒粗粉、细粉	130
1161	小麦粉	减半征收			130
1162	大米粉	减半征收			130
1163	玉米粉	减半征收			130

续表

JT 编码	货类名称	征收类型	货物组别	描述	页码
1164	大豆粉	减半征收			130
1169	其他加工麦粉粒	减半征收		各种细杂粮麦粉	130
117	杂粮	减半征收			131
1171	粟、黍、稷	减半征收		谷子、高粱、糜等及其米粉	131
1172	大麦	减半征收		大麦粒、片、粉	131
1173	其他麦粒、片	减半征收		荞麦、燕麦、黑麦、元麦、筱麦及团粉、制片等	131
1174	杂豆	减半征收		绿豆、红豆、小豆、芸豆、青豆、黑豆、蚕豆、其他杂豆及豆粉等(不包括种用豆)	131
118	薯类	—		马铃薯、甘薯、木薯及其干片等	132
1181	使用薯类根、块茎及粉	减半征收			—
1181	木薯及其干片	减半征收			132
1182	各种薯类淀粉	减半征收			—
1182	木薯淀粉	减半征收	C		132
119	其他粮食及粉、渣	减半征收			133
119	谷物筛选颗粒	减半征收	C		133
12	**机械设备、电器**	—		**含整机总成、零部件、配件、备件**	—
121	普通工业机械及设备	—			—
1211	锅炉、发动机动力装置及辅助设备	正常征收		锅炉,各种汽轮机、水轮机、内燃机、发动机、原子能动力设备及其辅助设备等	—
1212	金属加工机械及设备	正常征收		各种金属切削机床、锻压机械;铸造、热处理、切割、焊接设备;其他附件、机械手、机器人等	—
1213	通用设备	正常征收		各种起重、输送、装卸、给料设备;冷冻、热水空调设备;各种泵、风机、压缩机、分离分选设备;木工、水工、水暖机械;工业阀门、气体发生设备、气动工具等	—

续表

JT 编码	货类名称	征收类型	货物组别	描述	页码
1214	通用零部件	正常征收		轴承、液压件等液力、气动元器件；紧固件、弹簧、链条、齿轮等	—
122	农、林、牧、渔业机械	—			—
1221	农业机械	正常征收		拖拉机、收割机、开沟机、耕耘机、种植机、播种机；喷雾、粉机；除草机、种耕机、收获机、脱粒机、排灌机等	—
1222	农产品初加工机械	正常征收		薯类、棉花、麻类、桑蚕、水果及其他农产品初加工机械等	—
1223	小农具	正常征收		犁、耙、锄、镰、锤、铲、镐等；铁、木、竹制农具等	—
1224	营林机械	正常征收		林木种子机械、整地机械；施肥、滚压机械；树木种植、抚育、保护机械等	—
1225	畜牧机械	正常征收		草原建设机械、饲料收获机械；畜、禽、昆虫饲养、配种机械；其他畜牧采集加工机械等	—
1226	渔业机械	正常征收		养殖、捕捞、起卸机械、制网机械等	—
1229	其他未列名农、林、牧、渔业机械及工具	正常征收		渔网、园艺工具等	—
123	专用机械、设备及制品	—			—
1231	重工业机械、工程机械及零件	正常征收		石油、地质钻采机械；矿山、冶炼、化工机械；起重、装卸、搬运、传送、升降机械；筑、养路施工机械；建筑、装修械钢铁构件等	—
1232	轻工业机械及零件	正常征收		纺织机械；服装加工机械；粮、油、糖、酒、肉、果等食品加工机械；制药、包装、商业服务等专用机械；其他轻工品加工机械等	—

续表

JT 编码	货类名称	征收类型	货物组别	描述	页码
1233	医疗器械(具)、设备	正常征收		手术器械;诊察、注射器械;医用电子仪器设备、医用放射线设备、生化分析仪器;人体辅助设备、装置;兽医器械、设备;其他医用器具、器械、配件、制品等	—
1234	文化办公机械、设备	正常征收		电影放映机、幻灯机、投影仪、放大仪、复印机、打字机、油印机、照相机等	—
1235	制冷、加热、燃烧设备	正常征收		各种加热、烘炒、蒸馏、消毒、蒸发、气化、炼焦、焚烧、冷凝、冷却、冷藏、冷冻等设备	—
1236	滚压、离心、干燥机械	正常征收		各种离心、研光、过滤、净化、脱水、洗涤、除尘、干燥等机器及装置	—
1237	包装机器	正常征收		打包、灌包、装填、包封、充气、粘贴等机器	—
1238	造纸、印刷、出版机械	正常征收		制造纸浆、纸及纸板的制造、整理、切割机械;筑字、排字、制版、照相排版、印刷、出版的设备、器具及辅助机械	—
1239	其他专用机械、设备	正常征收		邮政、环保、消防、商业等机械设备及器材	—
124	交通运输设备				—
1241	铁路运输设备	正常征收		铁路客车、货车、机车、电瓶车、特种用途车;其他铁路专用设备、器材等	—
1242	道路机动车辆	正常征收		轿车、载客汽车、载货汽车、电车、特种用途车、牵引车、全挂车、半挂车、摩托车等机动车辆	—
1243	非机动车	正常征收		自行车、三轮车、架子车、轮椅等人力车、畜力车	—
1244	船舶及辅助件及器材	正常征收		各种客、货船;拖船、渔船、驳船;海洋调查、开发船;打捞救生船、工程工作船、机帆、木帆、水泥船;趸船、浮船坞、游艇、其他船及船用辅机和配件等	—

续表

JT 编码	货类名称	征收类型	货物组别	描述	页码
1245	飞机及航空、航天器	正常征收		各种客、货机；直升机；农林等专用、民用飞机、飞艇、其他飞行器等	—
1249	其他运输辅件及器材	正常征收		集装箱、托盘等	—
125	电力设备、电器机械及器材	—		含辅助设备	—
1251	电机	正常征收		发电机、电动机等	—
1252	输变电设备	正常征收		变压器、互感器等输变电、配电设备	—
1253	电工器材	正常征收		蓄电池；各种电力及专用电缆、电线、电启动装置、光缆等	—
1254	家用电器	正常征收		电视机、收音机、录放像（CD）机、摄像机、电冰箱、洗衣机、电风扇；各种家用调温、调节器；餐用、炊用、清洁、取暖、保健、整容、熨烫等电器具	—
1259	其他电器设备	正常征收			—
126	电子、电信设备及器材				—
1261	通信导航设备	正常征收		各种有线、无线电通信导航设备；光通信设备、卫星通信设备等	—
1262	广播、视频设备及器材	正常征收		广播电视发射、播控、调音、收音设备；各种录像、摄像、音响等多媒体设备；卫星广播电视设备；其他配套设备、器材等	—
1263	电子计算机及外部设备	正常征收		各种型式的数字、模拟电子计算机、计算器；显示终端、输入输出设备；其他配套设备器材（含数字化仪、绘图机）等	—
1264	电池、蓄电池	正常征收		包括电池组、隔板、电池零件	—
1265	热电子、冷阴极或光极管	正常征收		黑白、彩色电显像管、摄像管；数据/圆形显示管、微波管、接收管、放大管、二极管等及其零件	—

续表

JT 编码	货类名称	征收类型	货物组别	描述	页码
1266	电子、光、磁、超声波装置的元器件、零件、附件	正常征收		电容、电阻、电感、电位器、计数器、电子设备变压器及各式开关、继电器、磁元件、声器件、变压器件、光学纤维器件、光敏器件、光缆;各种型式的电子管、晶体管、集成电路;激光、超声波、磁脉冲装置的零件、附件;电子、液晶显示器件;其他专用、配用元器件及零件等	—
1269	其他媒体及附件	正常征收		音像产品见 1565 码	—
127	仪器仪表、计量器具、工具				—
1271	仪器仪表	正常征收		自动化、电工仪器仪表;光学仪器及元器件、定性分析仪器;实验装置、仪器;各种手用、电子和通信测量仪器;专用仪器仪表、其他配用元器件及器材等	—
1272	计量器具	正常征收		长度、热学、力学、电磁学、无线电频率、辐射、光学、声学、化学等分析计量标准器具、量具、衡器	—
1273	工具	正常征收		金属、木工切削工具、模具、刃具;电动、风动手工工具等其他金属工具、制品、金属丝及制品等	—
128	核反应堆及其元件、机器及装置	正常征收		核反应堆及零件、同位素分离机器、装置及零件;未辐照燃料元件及零件	—
129	其他未列名机械设备	正常征收			—
13	**化工原料及制品**	—			**135**
131	橡胶	—			135
1311	天然橡胶	正常征收		胶乳、生胶等	—
1312	合成橡胶	正常征收		各种合成橡胶	—
1313	橡胶制品	正常征收		轮胎(外、内胎);运输、传送带;胶管、再生胶、乳胶、胶布、密封制品、特种橡胶制品、其他制品等	135

续表

续表

JT 编码	货类名称	征收类型	货物组别	描述	页码
1333	合成树脂、聚合物	正常征收		各种塑料、塑粉、合成树脂及聚合物;合成纤维单体其他合成高分子聚合物等	—
1334	化学纤维	正常征收		初级形状的纤维素及其他化学衍生物;合成人造纤维长丝、纱线、尼龙弹力丝	—
1335	放射源及元件、制品	正常征收		α、β、γ 源,中子源,标准源,靶类和其他放射源;各原子序数的放射化学制剂、放射性同位素标记化合物、其他放射性同位素产品;稳定同位素;核材料及燃料制品等(放射性同位素药剂见1541 码)	—
1336	爆炸、灭火药品及制品	正常征收		导火索、起爆弹、炸药、烟花爆竹等	—
134	日用化工品	—			—
1341	美容化妆品	正常征收		护肤、护发、烫发品、剂;美容化妆用各种水、粉、脂、膏、油等	—
1342	卫生品(洗涤剂、皂类)	正常征收		清洁卫生用水、粉、膏、剂等;洗衣粉、洗涤剂、膏;肥皂及皂粉、片、液;牙膏、粉等	—
1343	香精、香料	正常征收		天然、合成香精、香料等	—
135	照相及电影用化工品	正常征收		胶卷、洗像药水等	—
136	塑料及制品	正常征收		塑料用品、用具等制品	—
139	其他未列名化工原料及制品	正常征收		加工石油、煤炭、林产等制成的化工品;火柴;鞋油、明胶、皮胶、骨胶等日用化工品;灭火药剂等	—
14	**有色金属**	**—**		**含冶炼产品、压延加工后的块、板、粉、合金材料**	**152**
141	铜	—			—
1411	铜锭	正常征收		铜坏段、铜铳、铜线、铜锭	—
1412	铜型、线材、异型材及附件	正常征收		铜板、管、条、棒、带、线、缆等	—
1413	铜箔、丝、粉	正常征收			—

续表

JT 编码	货类名称	征收类型	货物组别	描述	页码
1414	铜废碎料	正常征收			—
1415	铜制品	正常征收		铜制工业用布、网、栅格、网眼铜板；五金、家用、卫生用、工业用铜制器具及零件等制品	—
1416	铜合金	正常征收		铜锌、铜锡、铜镍及其他铜合金	—
142	镍及制品	正常征收		镍锍、氧化镍烧结物及镍冶炼的其他中间产品；镍型、线材及异型材；镍粉及片状粉末；镍废碎料、合金镍制品、镍合金	152
142	粒状镍锍	正常征收	B		152
143	铝	—			—
1431	铝锭	正常征收			—
1432	精铝及铝材	正常征收		各种型号精铝，铝制及非合金铝制板、管、片、带、条、杆、丝等及附件	—
1433	铝矿砂、箔粉	正常征收			—
1434	铝废碎料	正常征收			—
1435	铝制品	正常征收		铝、铝合金、非合金铝制容器，绞股线、缆、编带、布、网、格栅；铝制家用、卫生用器具及零件	—
1436	铜及铝合金制品	正常征收			—
144	铅及制品	正常征收		合金铅和铅制条、杆、型材及异型材或丝	—
145	锌及制品	正常征收		锌锭、锌材、锌箔、锌粉末	153
145	锌灰 UN 1435	正常征收	B		153
146	锡及制品	正常征收		锡锭、锡材及异型材、锡箔、焊锡	—
147	其他贱金属、金属陶瓷及其制品	正常征收			—
149	其他未列名有色金属	正常征收		锑、汞、朱砂、铋、钴、镉、镁、钛、金、银、铂等金属及材料；稀有金属冶炼品、稀土金属冶炼品、其他合金材料等	—
15	**轻工、医药产品**	—			**155**
151	纸及制品（十类）	—			—

续表

JT 编码	货类名称	征收类型	货物组别	描述	页码
1511	纸浆	正常征收		机制、生打纸浆	—
1512	纸板(原纸)	正常征收		技术配套纸板、包装纸板、其他纸板等	—
1513	机制纸(新闻纸)	正常征收		机制薄纸;印刷、书写用纸,技术配套用纸,包装用纸、生活用纸、其他用途的纸张等	—
1514	手工纸	正常征收		文化纸、宣纸、国画纸、手工卫生纸等	—
1515	加工纸	正常征收		晒图纸、描图纸、打印机、复印纸、涂料画报等	—
1516	纸制品	正常征收		纸箱、纸盒、纸袋、信封及其他制品等	—
1519	其他纸及制品	正常征收			—
152	日用工业品	—			—
1521	玻璃制品	正常征收		包装用玻璃容器、玻璃器皿、照明用玻璃灯具、玻璃保温容器、其他日常用玻璃制品等(不含平板玻璃、玻璃仪器)	—
1522	陶瓷制品	正常征收		卫生、装修等日用陶瓷器等(瓷砖见 051 码)	—
1523	搪瓷制品	正常征收		日用、家用、医用塘资制品;其他塘瓷制品等	—
1524	金属制品	正常征收		不锈钢制品、(炊、餐、卫生用器具)日用不五金、其他金属制品等	—
1525	家具、坐具	正常征收		各种钢木家具、塑料家具、轻金属家具、竹藤等其他家具	—
1526	钟表、表零件	正常征收		各种机械钟、石英电子钟、手表、怀表、秒表、定时器、钟表零配件等	—
1527	灯具、照明装置、发光标志、牌照	正常征收		各种吊灯、台灯、落地灯、防爆工程灯等照明灯	—
1529	其他日用品	正常征收		塑料用品、眼镜、伞、刷子、梳子、扣子、木桶、案板、刀、剪等其他日用杂品(家用电器见 1254 码)	—
153	饮食品	—			155
1531	糖	正常征收	C	含原糖、机制糖与土糖、加工糖等	155
1532	酒(白酒、啤酒、果酒类)	正常征收		白酒、啤酒、果(露)酒、黄酒等(药酒见 1542 码)	—
1533	茶叶、咖啡、可可(豆、粉)	正常征收		红茶、绿茶、花茶、乌龙茶、紧压茶、速溶茶等	—

续表

JT 编码	货类名称	征收类型	货物组别	描述	页码
1534	糖果、蜜饯、果脯	正常征收		硬糖、软糖、巧克力制品、中式糖果、蜜饯、果脯等	—
1535	糕点、面食、谷物食品	正常征收		中、西式糕点；饼干、方便煮主食品（含挂面、切面、方便面、面包、馒头、包子等）	—
1536	罐头，硬、软包装食品	正常征收		各种畜禽肉、水产、水果、蔬菜罐头；其他各类香肠、加工生食熟食类罐头、收缩袋等各类硬、软包装食品	—
1537	乳制品，蜂蜜、王浆、粉	正常征收		消毒奶液、粉；炼乳、奶油、干酪、酸奶、蜂制品等	—
1538	饮料、果菜汁	正常征收		汽水、矿泉水、果菜汁、蜂蜜等液体饮料；麦乳精、豆浆粉、糕干粉、可可、咖啡等固体饮料；雪糕、冰淇淋、食用冰等冷冻饮品	—
1539	其他未列名饮食及调味食品	正常征收		味精、糖精、酱油、醋、大料、花椒等调味品，其他饮食品等	—
154	中西成药	—			—
1541	西药	正常征收		医用化学原料药、化学药制剂、生化药剂同剂、放射性同位素药剂、其他化学药及辅助用制剂等	—
1542	中成药	正常征收		各种丸、胶囊、散、丹剂；药酒、膏滋、栓剂、油剂、茶剂、片剂、冲剂、口服剂、针剂、酊水等	—
1543	畜用药	正常征收		畜用化学原料药、化学药制剂、畜用中成药等	—
1544	生物制品	正常征收		菌苗、疫苗类；抗血清瘀抗毒素类，类毒素类，混合制剂，血浆、血液制剂类，其他类生物制品等	—
1549	其他未列名医药制品、保健品	正常征收			—
155	针织、纺织、皮毛及制品	—			—
1551	纱、线、丝、纤维（非复合材料）	正常征收		棉纱线；化学纤维线；桑蚕、柞蚕等混纺的各种丝；纯毛、化纤、混纺毛线；其他纺织纤维加工品等	—
1552	布匹（机织、绒织、网织物、纱罗）	正常征收		棉、毛、麻、丝、化纤及混纺等布匹；丝织品、呢绒面料等	—

续表

JT 编码	货类名称	征收类型	货物组别	描述	页码
1553	服装	正常征收		各种面料的服装、毛线或纱线服装;羽绒、纯棉、化纤棉服装;各种畜皮毛、革服装;人造、合成革及毛服装;裘、毛皮服装等	—
1554	针织、纺织制品	正常征收		各种机构、纺织、无机织、无纺织物,毛制床上用品、室内用品、内衣、内裤、袜、手套、围巾各种机织物等。	—
1555	皮毛制品	正常征收		各种兽、畜的制革及革皮制品;人造、合成革制品;各种兽、畜毛皮及制品;纯毛、化纤、混纺毛毯等(服装见 1553 码)	—
1556	鞋帽	正常征收		各种用途和材质的鞋帽等	—
1557	纺织材料包、套等,复合材料纱、线、绳	正常征收		橡胶线及绳、浸渍或涂布的聚酯、尼龙、化纤、含金属的高强力纱、线;各种材料纺制的线、绳、索、缆	—
1558	纺织材料絮胎及制品、短纤维屑、粉	正常征收		卫生巾、尿布垫、卷烟滤嘴;棉、羽绒、化纤絮胎;纤维屑、粉及球结	—
1559	其他未列名针织、纺织、皮革及制品	正常征收		其他缝纫品;靠垫、帐篷、绳、带、线、毡、纱布等及制品	—
156	文化体育用品	—			—
1561	印刷品	正常征收		图书、课本、图片、图册、报纸、杂志刊物、日历、其他印刷品(含邮票、票证、商标)等	—
1562	文教办公用品	正常征收		黑板、各种笔、墨水、本册;各种教学模型、地球仪、动植物标本、测绘用品、其他日常文教、办公用品等	—
1563	体育运动用品及零件、附件	正常征收		球类、各种体育器材;健身、健身、保护器材器具;钓、猎等其他体育用品;体育游艺器材、棋、牌及辅助器材等	—

续表

JT 编码	货类名称	征收类型	货物组别	描述	页码
1564	演艺器材及用品	正常征收		乐器、戏装、道具等	—
1565	音像产品	正常征收		各种感光胶片、干版、感光纸、唱盘、光盘、磁带、录音带、磁盘、磁粉、片基、摄影洗印套药；其他磁卡、磁条、智能卡等音像、数字信息载体等	—
1566	玩具、游戏、娱乐用品	正常征收		各种原料制成的玩具、童车等	—
1569	其他文化体育用品	正常征收			—
157	工艺美术品	—			—
1571	雕塑、刻、漆工艺品	正常征收		玉、牙、石、贝、木雕工艺品；发、竹刻及塑类工艺品；各种漆器；其他雕塑、漆器工艺品等	—
1572	普通金属工艺品	正常征收		铜、铁、锡制工艺品；蒙镶制品；民族传统工艺刀、剑、饰物；其他古币、徽章、摆挂件等	—
1573	金、银、珍珠饰品	正常征收		金银及镶嵌、合金首饰、金银摆件、珍珠、宝石、玉石、钻石、象牙首饰及饰品等	—
1574	收藏品及古物	正常征收		各种料质的古玩及珍藏品、古旧文房用品；字、画、碑帖类珍藏品；古钟、表等其他古玩及珍藏品等	—
1575	刺绣编织工艺品、地毯	正常征收		手工刺绣、机绣、缂丝、球绣、绒绣工艺品；手工抽纱、编结品；手工染织及机织工艺品；绣衣、工艺帽带；手工、机织地毯、挂毯等	—
1576	画、装饰板	正常征收			—
1577	邮票、邮政品、纪念卡	正常征收		各种邮票、明信片、工艺纪念卡、贺年卡等	—
1579	其他工艺美术品	正常征收		各种编织工艺品、美术陶瓷；工艺伞、扇、灯；民间工艺品工艺盆景、人造花等	—
159	其他未列名轻工产品	正常征收			—
16	**农、林、牧、渔业产品**	—		**含初加工产品、副产品**	**157**
161	棉花	正常征收		各种皮棉等	—
162	经济作物及制品	—			157

续表

JT 编码	货类名称	征收类型	货物组别	描述	页码
1621	动植物食用油料、脂肪及制品	正常征收		花生、芝麻、油菜籽、胡麻籽、棉籽、向日葵籽、茶籽等油料；大豆及其他油料制成的食用油、人造黄油、起酥油、色拉油等	157
1621	干椰子肉 UN 1363	正常征收	B		157
1621	软绒棉花籽	正常征收	B		158
1622	动植物非食用油料脂肪及制品	正常征收		油桐籽、乌桕籽、蓖麻籽等油料和制成的非食用油	—
1623	烟叶、烟草、卷烟、雪茄及代用品	正常征收		烤烟叶、晒烟叶、晾烟叶等	—
1624	麻类	正常征收		黄麻、红麻、亚麻、苎麻等	—
1625	糖料作物	正常征收		甘蔗、甜菜等	—
1629	经济作物原料、残渣及副产品	正常征收		麸糠等(饲料见 173 码)	159
1629	蓖麻籽、蓖麻饼、蓖麻油渣或蓖麻片 UN 2969	正常征收	B		159
1629、173	种子饼(UN 1386、UN 2217 及无危险的)	正常征收	B		160
1629	干酒糟及其可溶物	减半征收	C		161
163	蔬菜、瓜果及籽实籽仁	—		西瓜、苹果、柑桔等；瓜籽、松籽、榛子等	—
1631	蔬菜	正常征收		叶、瓜、根、茎、花、茄果、豆等各类蔬菜(含干、腌、酱制品)	—
1632	食用菌及山菜、海菜	正常征收		银耳、木耳、蘑菇、黄花菜、紫菜、海带、发菜等山菜、海菜及藻类菜	—
1633	瓜果	正常征收		各种水果、果用瓜、椰子、槟榔、浆果等(含干制品)	—
1634	籽实籽仁	正常征收		食用核桃、白果、板栗、松籽、瓜籽、咖啡豆等	—
164	种子、农作物苗	—			162
1641	农作物种子、根、茎	正常征收		粮食、油料、蔬菜、瓜果及其他经济作物种子等	162
1641	苜蓿	正常征收	C		162
1641、1634	花生(带壳)	正常征收	C		162

续表

JT 编码	货类名称	征收类型	货物组别	描述	页码
1642	农作物、植物苗	正常征收		秧苗、蔗苗、焦苗、菠萝苗、薯苗等	—
1643	林木花草种子	正常征收		树种、花种、草种等	—
1644	动物种苗	正常征收		各种禽、兽、畜、水产动物幼种、胚胎等	—
165	水产品	—		含鲜及腌、干品	163
1651	鱼及制品	正常征收		各种海鱼、河鱼及制品等	163
1651	鱼(散装)	正常征收	A		163
1651、173	鱼粉(鱼渣)[稳定的(经抗氧剂处理)]UN 2216	正常征收	B		164
1659	其他水产品	正常征收		虾、蟹、贝类;海参、鱿鱼、乌贼、海蜇;其他水产品及其苗(种)等	—
166	畜、禽、兽及制品	—			—
1661	家畜	正常征收		牛、马、驴、骡、猪、羊、骆驼、兔等	—
1662	家禽	正常征收		鸡、鸭、鹅、鹌鹑、火鸡、鸽子等	—
1663	蜜蜂	正常征收			—
1664	蚕(茧)	正常征收			—
1665	野兽、野禽(保护动物)	正常征收		各种野生动物	—
1666	畜、禽、兽肉及制品	正常征收		含炖肉、带骨肉、肉制品及冻、腌、腊等制品	—
1667	蛋类	正常征收		各种禽蛋(含鲜蛋、种类腌、咸、槽制品及孵蛋)	—
1668	动物生皮、毛、骨(粉)	正常征收		含鬃、绒	—
1669	其他动物制品	正常征收		动物脂肪及动物副产品等	—
167	药材	—			—
1671	植物类药材	正常征收		各种药用植物的根、茎、叶、花、果、核、籽、皮、脂及菌藻等	—
1672	动物类药材	正常征收		各种昆虫、鱼类、禽兽类药材等	—
1673	矿物类药材	正常征收		药用矿石	—
168	竹、木、藤、花、草	—			—
1681	竹	正常征收		毛竹、竹杆、竹器具等(竹藤家具见 1525 码)	—
1682	树木	正常征收		成树、树苗、灌木等	—

续表

JT 编码	货类名称	征收类型	货物组别	描述	页码
1683	花草	正常征收		花卉、花苗、草毯等	—
1684	编制原料及制品	正常征收		藤条、柳枝、棕丝、芦苇等及其编制用品等	—
169	其他未列名农、林、牧,渔(副)产品	正常征收		酿酒料、香料作物、豆粕、野生纤维等	—
17	**其他货类**	—			**166**
171	军用物资、武器及用具	缓征或免征			—
172	行李、包裹、邮件	缓征或免征			—
173	饲料	正常征收		麦秸、玉米秸等青饲米;麦麸、豆渣、种子饼和鱼粉等加工饲料及混合饲料(肥料见 09 码)	—
174	水	缓征或免征		饮用水、蒸馏水、车船供应水、海水等	—
175	冰及制品	正常征收		天然冰、人造冰、冰制品等	—
176	垃圾	—		生活垃圾、工业垃圾、建筑垃圾等	—
1761	生活垃圾	缓征或免征			—
1762	工业垃圾	正常征收			—
1763	建筑垃圾	缓征或免征			—
177	各种废旧物品	正常征收		废金属、废纸、碎皮、碎棉等(废钢铁见 044 码)	166
177	废金属	正常征收	C		166
179	其他未分类物品	正常征收		土、灰、渣等	—
18	**集装箱**	—			—
181	20 尺集装箱	按 20 尺集装箱计			—
182	40 尺集装箱	按 40 尺集装箱计			—
183	20 尺空箱	缓征或免征			—
184	40 尺空箱	缓征或免征			—

参考文献

[1] IMO. 国际海运固体散装货物规则. 伦敦：IMO, 2013.

[2] 中华人民共和国交通部. 运输货物分类及代码：JT/T19—2001. 北京：中国标准出版社, 2001.

[3] 世界海关组织. 商品名称及编码协调制度. 布鲁塞尔：世界海关组织, 2012.